Anonymous

Nikosia, die Hauptstadt von Zypern

Anonymous

Nikosia, die Hauptstadt von Zypern

ISBN/EAN: 9783744620734

Hergestellt in Europa, USA, Kanada, Australien, Japan

Cover: Foto ©Andreas Hilbeck / pixelio.de

Weitere Bücher finden Sie auf **www.hansebooks.com**

LEVKOSIA

DIE

HAUPTSTADT VON CYPERN.

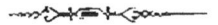

PRAG.

DRUCK UND VERLAG VON HEINR. MERCY.

1873.

Vorwort.

—-

Wenn man nach dem Ersteigen sanfter Hügelwellen Lerkosia mit ihren schlanken Palmen und Minareten und die malerische Gebirgskette in deren Hintergrunde auf der sonnverbrannten Ebene von Cypern zum erstenmale auftauchen sieht, so glaubt man ein Bild aus tausend und einer Nacht in Wirklichkeit vor Augen zu haben. Ein Juwel von Orangengärten und Palmenbäumen in der baumlosen Gegend, eine vermöge ihrer Wälle durch Menschenhand geschaffene Oase. Und so wie der Gegensatz zwischen Stadt und Umgebung scharf und grell hervortritt, ebenso macht sich auch der Geist des Widerspruches in der Stadt selbst geltend. Venetianische Festungswerke und gothische Bauten, die nun der Halbmond krönt, auf antikem klassischem Boden; Türken, Griechen, Armenier bunt durcheinander gemengt, unter einander verfeindet, aber durch gemeinsame Liebe zu der nun Allen gleich heimischen Scholle vereinigt.

a*

In diesen Gegensätzen liegt aber eben das Anziehende Lerkosia's, und ich will es daher versuchen, das dort im letzten December und Januar Gesehene ungeschminkt aus meinem Tagebuche vorzuführen. Mögen die beigegebenen Skizzen dem blassen Worte zu Hülfe kommen und es mir gelungen sein, von diesem so sonn- und farbenreichen Bilde wenigstens eine getreue Silhouette wiederzugeben.

JNHALT.

VERZEICHNISS

DER

ABBILDUNGEN.

Die Abbildungen sind insgesammt nach Original-Skizzen des Verfassers auf Holz photographirt und in der xylographischen Anstalt von R. v. Waldheim facsimile geschnitten worden.

TAFELN.

EINGEDRUCKTE HOLZSCHNITTE.

—

I.

Allgemeines über die Stadt.

ie Stadt Levkosia (Nicosia) liegt auf einer nur unbedeutenden Anhöhe in der Ebene von Messaria und zwar 147 englische Fuss über dem Meere, während der Boden ausserhalb der Stadt durchschnittlich um 10 Fuss tiefer ist. Die unmittelbare Umgebung ist ganz flach, nur im Süden bieten sich falaisenartige Erhöhungen dar. Der Boden ist mergelig und schotterig, an vielen Stellen aber auch lehmig.

Das Klima ist gesund, nur pflegen die Bewohner, wie überhaupt in vielen Gegenden der Levante, häufig an Augenkrankheiten zu leiden. Im Sommer ist Levkosia sehr warm, namentlich bei Nordwind, da dieser wegen der im Norden der Stadt liegenden Gebirgs-

1

kette nicht herüber zu wehen vermag; nur in der Nacht
ist es kühl und wenn der an der afrikanischen Küste
sonst so brennende Hampsí weht, welcher auf seinem
Wege über die weite Meeresfläche sich zu erfrischen
Gelegenheit fand. Der Winter ist mild; Schnee fällt
nur manchmal und lediglich im Januar; zum Frieren
kommt es sehr selten. Januar und Februar gelten als
die kältesten Monate. Am 15. Februar schlagen die
Mandeln aus, im März ist schon Alles grün und wenn
man bedenkt, dass Ende December viele Bäume noch
in ihrem vollen grünen Schmucke dastehen, so ist die
blattlose Zeit eine äusserst kurze. Südsüdost (Ostro
a Scirocco) ist der stärkste Wind, dann der Nord-
(Tramontana) und Südost- (Scirocco) Wind; sie
wehen hauptsächlich im Januar und Februar.

Die Stadt ist sowie die ganze Insel häufigem Erdbeben ausgesetzt, jedoch nicht in dem Maasse, wie
Limasol. Kleinere Erschütterungen verspürt man alljährlich nicht selten; im Jahre 1852 kam ein stärkeres
Erdbeben vor, ohne jedoch Schaden anzurichten. Die
Erdstösse pflegen fast immer im Sommer, gewöhnlich
im Monate Juni stattzufinden.

Levkosia hatte im Jahre 1859 am 26. October
auch durch eine Ueberschwemmung des Pidias zu
leiden, welches Flüsschen unter dem Paphos-Thor in
die Stadt mündet und beim Famagosta-Thor dieselbe wieder verlässt. Seit jener Zeit wird das Thor
von Paphos bei Hochwasser geschlossen. Gewöhnlich

ist der Pidias fast trocken und mehr einem Kanal als einem Flüsschen ähnlich. Ausserdem wird die Stadt mittelst zweier Wasserleitungen mit Trinkwasser gespeist. Die eine erreicht die Stadt beim Paphos-Thor, heisst Arabahmet Su und liefert besseres Wasser; die andere geht in dem Bollwerk nach dem Cerinja-Thor und weiter am Famagosta-Thor vorbei. Beide durchziehen die Stadt kreuz und quer nach allen Richtungen.

II.

Die Stadtmauer.

Bevor wir zur Besprechung der inneren Stadt übergehen, wollen wir uns vorerst mit der Stadtmauer befassen.

Die Muraglia, um deren Wallgraben ringsum ein Weg läuft, wurde 1567 von den Venetianern errichtet. Sie hat einen Umkreis von etwa 3 Seemeilen und ist ganz aus Steinquadern fest gebaut. Hie und da krönen sie später aufgeführte Scharten. Unten hat sie eine geringere, oben eine sehr starke Escarpe, deren Winkel so geneigt sind, dass man sehr leicht hinaufklettern kann, namentlich an manchen Stellen, wo sie sehr tief hinunterreicht; auch helfen die hie und da verwitterten Quadern nicht wenig dazu. An einzelnen Stellen sind auch Bruchstücke der Mauer herausgefallen.

Aus der Muraglia treten 11 Bollwerke (Baluarti reali) hinaus, die zwar alle gleich gebaut, aber nicht alle gleich gross sind. Sie haben eine zurückgezogene

Bastionsflanke, eine stumpfe Spitze und zwei weit vorstehende abgerundete Schultern. Unten haben sie zumeist eine unbedeutende Escarpe unter dem Cordon, bisweilen aber gar keine. Oben ist die Kante stark escarpmässig abgestumpft und hört hinaufsteigend bei der zurückgezogenen Bastionsflanke auf.

Die Muraglia ist durch drei Thore durchbrochen, welche so ziemlich nach den Hauptrichtungen von Ost, West und Nord liegen; gegen Süden ist keines. Sie werden bei Sonnenuntergang gesperrt und bei Sonnenaufgang geöffnet. Wenn sie gesperrt sind, wird ohne besondere Erlaubniss des Gouverneurs Niemand mehr hinaus- noch hereingelassen. Nur bei den Thoren sind Kanonen aufgestellt; es sind dies fast durchwegs alte Geschütze, die besseren alten hat man nach Konstantinopel weggeschafft.

Wir wollen nun unsere nähere Betrachtung der Muraglia mit dem im Osten liegenden Famagosta-Thor beginnen. Dieses Thor, bei welchem die nach Larnaka führende Strasse beginnt, ist insoweit das wichtigste von Levkosia, als es gegen die Scala führt. Seinen Namen hat es nach dem in dieser Richtung gelegenen, nun aber verfallenen Famagosta erhalten. Von Aussen ist das Thor ganz einfach und wird von der abgerundeten Schulter des nördlich unmittelbar daneben stehenden Bollwerkes geschützt. Der Durchgang durch dasselbe in die Stadt geht bergauf. In der Mitte desselben ist eine grosse

runde, oben mit einer vergitterten Lichtlucke versehene
Kuppel angebracht. Auf beiden Seiten befinden sich
zwei kleine Nischen. Von Innen weist das Thor einen
runden Giebel mit einer türkischen Inschrift auf. Auf
der linken Seite sieht man eine von der in der Dicke
der Mauer geführten Wasserleitung gespeiste Kielbogenquelle mit marmornem Trog. Auf dem Thore
steht eine kleine Kaserne, in deren Nähe sich eine
Fahnenstange und zwei Blitzableiter erheben, da sich
darunter die Polveriera befindet, die sehr gross
sein soll. Auf dem Wall neben dem Thore stehen vor
gemauerten Scharten noch fünf venetianische Kanonen.
Die Wasserleitung schliesst sich durch Bogenwölbung
dem Thore an, überschreitet auf Bögen die Aushöhlung
des nahen Bollwerkes und folgt eine Strecke weit
dem Niveau des Walles. Von den Höhen des Thores
blickt man auf den Weg nach Larnaka hinunter,
wo des Abends die Kameele still zur Scala wandern;
einige kommen nur mühsam weiter, denn sie leiden
an Krätze, einer Krankheit, welche in der letzteren
Zeit unter ihnen auf Cypern grosse Verwüstungen
angerichtet hat. Aber sieh da, welch schauderhafter
Anblick! Lepröse Menschen schleppen sich zur Strasse,
um unter Wehklagen von den Vorübergehenden ein
Almosen zu erbitten, und flehen zu Gott um Lin-
derung ihrer Qualen. Sie haben in dieser Gegend ihr
Quartier aufgeschlagen, nachdem ihnen das Betreten
der Stadt streng verboten wurde. Und dem grauen-

haften Bilde dient als passende Umrahmung auf beiden
Seiten der stillen Strasse, wo sich die leprösen Kranken
und die krätzigen Kameele dahinschleppen, die verödete
Ruhestätte der Türken. Etwas weiter hinauf haben auch
die Griechen einen Friedhof in der Nähe der Ortschaft
Pallurgotissa, wo eine Kirche steht.

Setzt man den Weg auf der Muraglia vom ersten
Bollwerk nördlich von der Porta di Famagosta
fort, so kommt man zu einem zweiten, das dem vor-
erwähnten gegenüber hinausragt. Man blickt von hier
aus auf die palmengekrönten Lehmhäuser der beiden
Ortschaften von Ober- und Unter-Kaimaklí und
geniesst die herrlichste Fernsicht auf die Gebirge im
Hintergrunde; nach einwärts übersieht man das Innere
von Levkosia mit der Ayia Sophia und Sta Caterina zwischen Lehmdächern und Orangengärten, aus
welchen Palmenbouquete und einsame Cypressen her-
vorragen. Hie und da krönen zerfetzte Schiessscharten
die Mauer, deren hier von der geschlossenen Wasserleitung begränzter Wall sehr schmal ist. Nach einer
Strecke, wo die Mauer gerade läuft, kommt man zu
einem neuen Bollwerke von grosser Ausdehnung. Es
bildet den Wendepunkt der Mauer gegen Norden zu,
d. h. gegen das Gebirge, welches namentlich bei Abend-
beleuchtung in den herrlichsten Purpur-, Lilla- und
Azurtönen spielt und somit von der weiten braun-
gelben Ebene im Vordergrunde grell absticht. Blickt
man von hier aus auf das Innere der Stadt, so strotzt

es überall von Palmen, die aus dem üppigen Grün
von Maulbeer-, Oliven- und Johannisbrodbäumen
majestätisch emporragen. Die Ayia Sophia über-
blickt man von da aus in ihrer ganzen Länge. An
einer rohen Quelle und einer kleinen Ruhestätte vorbei
führt der Weg abermals zu einem Bollwerk, über
welchem Telegraphenstangen angebracht sind und
das auch mit gemauerten Kanonenplattformen an der
Bastionsspitze und an den zurückgezogenen Bastions-
flanken versehen ist. In der Mauer zwischen diesem
und dem nächsten Bollwerk steht das Thor von
Cerinja, wo uns die Wasserleitung verlässt.

Das Thor, durch welches man nach dem jenseits
der Gebirgskette an der Nordküste gelegenen Cerinja
gelangt, ist ein gewölbter Durchgang mit türkischer
Inschrift. Es bildet einen thurmartigen Ansatz, der
türkischen Ursprungs zu sein scheint, und endigt in
einem Kuppelbau mit dem Zimmer für den wacht-
habenden Unteroffizier. Unmittelbar daneben oberhalb
dem Thore ist eine kleine Kaserne, zu der von Innen
aus zwei Rampen hinaufführen. Man sieht hier drei
türkische und vier kleine venetianische Kanonen aufgestellt; links eine Quelle. Rechts vom Thore ist in
der äusseren Mauer ein roher verwitterter Löwe eingemauert.

Dem Thore gegenüber ausserhalb der Stadt liegt
die von einer Lehmwand umgebene grosse türkische
Ruhestätte. Es sind meistens öde Grabmäler, manche

nur mit Lehmziegeln, andere mit hölzernen Pflöcken, nur wenige mit marmornem Turban versehen. In der Mitte steht eine Koubba mit zwei Gräbern; eines von Geng Abtal, das sehr alt sein soll, mit grüner Decke und Fahne unter der Kuppel; daneben stehen Wasserkrüge, damit die andächtigen Gläubigen vor dem Gebete ihre Waschungen verrichten können. Das andere Grab liegt nur unter einem Bogen der Koubba.

Doch kehren wir zur Muraglia zurück. Schreitet man auf dem nun sehr breiten Wall weiter, so kommt man an einer öden Windmühle und einer Kanonenplattform an der Wand vorbei zu einem Bollwerk, das nur mit einer Scharte versehen ist und von welchem an der Wall schmäler wird, so dass die Lehmhäuser ganz nahe reichen. Der Blick wendet sich hier nach einwärts auf den Seraj, nach aussen auf die gegenüber liegende Ortschaft Aurda und auf das auf der goldenen Fläche weit blinkende nur von Negern bewohnte Dorf Chioneli. Weiter liegt abermals ein Bollwerk, das theilweise als Ruhestätte verwendet wird und mit einer Kanone auf der Spitze und zwei Plattformen an den Seiten versehen ist. Es bildet den Wendepunkt der Stadtmauer gegen Westen. Man hat nun die im Westen Levkosia's gelegenen tafelartigen Hügel vor sich und gar munter schaut es unten in dem Wallgraben aus, wo caramanische Ziegen und Fettschwänzschafe, von denen nur die Widder

behörnt sind, umherweiden. Komisch ist der Anblick
der jungen Lämmer, wie sie mit ihrem unsinnigen
Schweife munter herumhüpfen.

Nach einem Bollwerk, dessen Scharten halb besetzt
sind, kommt in der Mauer das Thor von Paphos,
das durch den hier nicht sehr dicken Wall ganz
einfach gewölbt ist. Auf demselben steht die gleich-
namige Kislá oder Kaserne, zu welcher von Innen
aus zwei Treppen hinaufführen. Sie hat einen kleinen
Hof, von welchem man auf einer schmalen Treppe
zur Wohnung des Kajmakham Bey gelangt. Es
ist dies ein kleiner Kiosk mit Divans rund herum
ausgestattet, von wo aus man eine herrliche Aussicht
über die Stadt, die Wälle und die dahinter sich aus-
breitende weite Ebene mit den Bergen im Hintergrunde geniesst. In der Kislá sind drei bis vier
Hundert Soldaten untergebracht, welche ein ziemlich
grosses Gebäude zu beiden Seiten des Hofes bewohnen,
wo sie nach türkischer Art auf erhöhten Dallen mit
Decken und Polster schlafen und am Ende des Saales
die Waffen aufgestellt haben. Das Ganze ist übrigens
sehr luftig, ich hörte jedoch, dass man eine neue Kislá
zu bauen beabsichtige. Neben der Kaserne sind neun
Kanonen aufgestellt, wovon ein paar neuere zu mili-
tärischen Uebungen dienen.

Beim Thore von Paphos kommt, wie schon
erwähnt wurde, in zwei Wasserleitungen das Arabahmet Su in die Stadt. Vor dem Thor ist der

Marktplatz für Bauholz und etwas weiter das von alten
Laub- und Oelbäumen beschattete Tahahane, wo
Thonkrüge verfertigt werden.

Von der nach dem Paphos-Thor sich hin-
ziehenden, geraden, fast senkrechten, schartgekrönten
Mauer, die genau nach Westen gekehrt ist, sieht man
auf das Yikko Monasterium von Arkanyelos und
auf Ayi Omoloyitathes herab, wo die griechische
Ruhestätte sich befindet, beide still und von Bäumen
beschattet, so wie auf die üppigen Gemüsepflanzungen
im Wallgraben. Lenken wir unsere Schritte weiter,
so kommen wir an einer verlassenen Windmühle und
einer alten verödeten Ruhestätte vorbei abermals zu
einem Bollwerk, das den Wendepunkt gegen Süd-
westen bildet. Herrlich ist da der Anblick des in
dieser Richtung gelegenen Gebirges mit dem hochthronenden Troodos, um den sich gerne die Gewitter
ansammeln; prächtig aber auch der Anblick der Stadt
mit den zahllosen Palmen und den Gebirgen im Hintergrunde. Hinter diesem Bollwerk dringt, auf Bögen
den Wallgraben überschreitend, eine kleine nun ver-
nachlässigte Wasserleitung in die Stadt. Der Wall ist
hier etwas geräumiger; gegenüber sieht man Tchiflik
Kei, einem Türken gehörig. Etwas weiter liegt abermals ein Bollwerk mit einer auf demselben im Winkel
gebauten zertrümmerten Schartenwand, und in der Nähe
desselben ein anderes, klein, aber stark vortretend,
durch welches die Türken am 9. September 1570 in

2*

Levkosia eindrangen und darauf aus Dankbarkeit zu Gott eine Moschee erbauten, die sie Pairaktar Djami si (Fahnenträger-Moschee) benannten. Wir werden bei der Besprechung der Moscheen auf dieselbe noch zurückkommen. Jetzt ist das Bollwerk grün und blumenbesäet, das einst blutig und verwüstet der Schauplatz der schrecklichsten und hartnäckigsten Vertheidigungsscenen gewesen. Ein herrliches Bild gewähren die mächtigen Palmen dieses Stadttheils, die an Schlankheit alle andern übertreffen. Von hier aus zieht sich die Mauer gegen Süden, gewährt eine weite Aussicht auf den nahen Falaisen und biegt schliesslich hinter einem Bollwerke, in welches die Häuser weit hineinragen, gegen das Famagosta-Thor ein.

III

Eintheilung der Stadt, Bauart und innere Einrichtung der Häuser. Gärten.

Eigentliche Stadttheile gibt es in Levkosia keine; dieselben unterscheiden sich lediglich nach ihrer Bevölkerung; so haben die Türken die Gegend vom Famagosta-Thor in der Nähe der Tahta Calà-Moschee und namentlich jene zwischen dem Cerinja- und Paphos-Thor inne. In letzterer sind viele elende und kleine Häuser zu finden, welche die Griechen gar nicht bewohnen wollen, so dass sie sehr tief im Werthe stehen. Die Griechen haben sich hauptsächlich die Gegend vom bischöflichen Hause bis zur Ayia Sophia zum Quartier auserkoren, leben aber auch zahlreich in dem Stadttheil zwischen dem Cerinja- und Famagosta-Thore, der als ein gemischter bezeichnet werden kann. Armenier wohnen vielfach im türkischen Stadttheile.

Die Gassen sind sehr verworren und führen viele Namen auf einer kurzen Strecke; denn man pflegt

eigentlich nicht die Gassen, sondern die Gegend zu
bezeichnen. Die betreffenden Namen sind weiss auf
einer blau angestrichenen Blechplatte türkisch und
griechisch aufgeschrieben; ebenso die Hausnummern.
Das Pflaster besteht aus unregelmässigem Schotter,
in vielen Gassen fehlt es aber auch gänzlich. Die
Hauptstrasse von Levkosia heisst Tripiotis (türkisch Pasch ma hallè), sie ist die geradeste und
längste; darauf folgt der Grösse nach jene von Tahta
Calà, die von der Porta di Famagosta zu den
Bazars führt und so den Haupteingang zur Stadt
bildet; neben derselben läuft das mehrfach überbrückte
trockene Bett des Pidias.

In Levkosia gibt es nur wenige steinerne Häuser,
am meisten noch in der Ayios Andonis- und Ayios
Joannis-Gasse, manche noch mit Spitz- und nach einwärts ausgezackten Bögen, man macht aber nicht viel
Wesens damit; die meisten sind, angeblich wegen dem
häufigen Erdbeben, aus Lehm gebaut, wozu man grosse
Lehmziegel verwendet, von denen ein jedes Tausend
hundert Piaster kostet. Zum Mauern derselben bereitet
man vor dem Neubaue mit Holzschaufeln einen Mörtel
aus Erde und Stroh, schüttet aus einem kleinen mit
zwei Griffen versehenen Trog einen Theil dieses Breies
auf den darunter liegenden Ziegel und legt auf die so
vorbereitete Unterlage einen staubenden und sich ab-
bröckelnden neuen, der darauf mit dumpfem Klange
anstösst. Auf diese Weise werden unglaublich schnell

DIE TAHTA GALA VOM FAMAGOSTA THOR AUS

Häuser aufgeführt, die noch das Gute haben, dass sie bald trocken sind. Nebstdem kommen sie auch sehr billig im Preise, denn gewöhnlich kostet ein schönes Haus nicht mehr als 5000 Francs. Die Preise sind da überhaupt sehr niedrig; so wurde das schönste und grösste steinerne Haus Levkosia's vor Kurzem um 10.000 Francs verkauft. Die Lehmhäuser dauern bis 100 Jahre, müssen aber, da das mit dem Lehm der Ziegeln vermischte Stroh mit der Zeit morsch wird und dadurch in den Wänden Löcher entstehen, alljährlich ausgebessert werden. Der Unterbau derartiger Gebäude besteht meistens aus Stein und ist gewöhnlich alten Ursprungs. Sehr häufig stösst man auf solche halb verfallene Mauerreste, von denen nicht wenige ganz schief nach Aussen stehen, oder auf Passagen mit rohen Spitzbögen unter den Häusern.

Manche Gebäude, namentlich türkische, haben vortretende vergitterte Kiosks. Einzelne, etwa 150 an der Zahl und vorherrschend in dem griechischen und türkischen Stadttheil gelegen, sind mit Hohlziegeln eingedeckt und am Kiosk oder am ganzen Hause nach türkischer Art mit Verschalungen unter dem Dachvorsprunge versehen, wobei die Dachung von Brettern umfasst wird, hinter welchen das Wasser rinnt. Die meisten aber, und im gemischten Stadttheil so zu sagen alle, sind lediglich mit lehmiger, mit Hackstroh vermengter Erde bedeckt. Die Erde wird auf Bretter und Pfahlrohr aufgeschichtet; die sie tragenden Balken

ruhen entweder auf Stein oder auf Holz und von
Aussen schiebt man als Gesims gewöhnlich Marmorplatten hinein. Nicht selten lässt man die Balken
herausragen und die Pfahlrohrstäbe dienen dann als
Gesims, oder man schiebt Bretter hinein. Bei derartigen Lehmdächern bestehen die Rinnen aus einer
in den etwas erhöhten Rand hineingesteckten thönernen
oder hölzernen Röhre, gegen welche die Fläche der
Dachung etwas geneigt ist. Aus den Dachungen ragen
die durch zwei dachförmig aufgestellte Marmorplatten
gebildeten offenen Kamine empor.

Häufig, vornehmlich im alten Mauertheil, trifft man
steinerne Spitzbögen, manche mit nach einwärts aus-
gezacktem innern Bogen, und Kragsteinthüren; sonst
sind die Hausthüren zumeist nur mit einem hölzernen
Futter versehen. Nicht selten sieht man einen alten
Spitzbogen, in welchen man eine moderne Thüre
adaptirte. Auf den Eingangsthüren türkischer Häuser
ist häufig ein hölzerner Stern und Halbmond oder
nur der Stern allein mit Drahtringen zum Einsetzen
von Oelnäpfchen angebracht, um dieselben am Tage
des Sultans und bei anderen festlichen Gelegenheiten
anzünden zu können. Die Hausthüren weisen fast
durchgehends drei Reihen Nägel auf, eine in der Mitte,
eine oben und eine unten und sind zumeist von Oben
nach Unten gerieft, als wären sie aus vielen Brettchen
zusammengelegt, und zwar kommt dann auf jedes
Brettchen in jeder Reihe ein Nagel, manchmal sind

sie aber auch in Losangen-Riefungen eingetheilt.
Die Schlagleiste ist nach türkischer Art eine zierliche
Colonnette, und dies nicht nur bei türkischen Häusern,
sondern auch bei den griechischen, von denen manche
oben darauf ein Kreuzchen angebracht haben. Die
Thüren haben einen geschlängelten Klopfer und türkische Ringe (ein einfacher Dornring in einer durch-
schnittenen Platte). Bisweilen dienen die Ringe, wenn
sie zugleich mit Kette und Schloss versehen sind, zum
Verschliessen der Thüre, die sonst gewöhnlich nach
türkischer Art mit einem Schieber gesperrt wird, der
bei vielen von aussen angebracht ist, so dass man sie
auch von dieser Seite aufmachen kann, was aber nicht
mehr angeht, wenn von innen oben ein Stück Holz vor-
geschoben wird; bei manchen Thüren senkt sich der
Schieber selbst. Die meisten sind aber ausserdem auch
mit einem Schlüssel und einem dünnen eisernen Riegel
sperrbar. An einzelnen Häusern stehen in der Nähe
der Thür drei Stufen zum bequemeren Aufsitzen auf
das Maulthier.

Die Fenster sind bei den Türken wie bei den
Griechen nach türkischer Art vergittert und unten,
namentlich die vortretenden, zumeist mit Jalousien
versehen. Ueber einigen Fenstern ist ein kleines vor-
springendes, hölzernes, an den Seiten ausgeschnittenes
Dach angebracht.

Nun treten wir aber ein. Die türkischen Häuser
sind stets sorgfältig gesperrt und fast bei jeder Thür

steht eine spanische Wand, damit man beim Aufmachen derselben nicht hineinsehen könne. Hat man
die spanische Wand passirt, so gelangt man zuerst
in eine dem Garten oder dem Hofraume zugekehrte
gepflasterte Halle, die nicht selten Spitzbögen aufweist, welche auf runden Säulen mit byzantinischen,
verschiedenartig gezierten Würfelcapitälern ruhen. Wo
die Spitzbögen fehlen, werden die Balken von runden
Säulen getragen; die Tragbalken sind dann häufig
mit einer ausgeschnittenen Console versehen. Gegen
die Halle zu sind die Fenster mit maurischem Holzgitter verschlossen. Vom Eingange aus führt die
Treppe hinauf oder es sind da äussere hölzerne
Treppen angebracht, gegen welche sowie auch zuweilen unten gegen die Eingänge hübsche kleine hölzerne geschnitzte Rundbogenthüren ausmünden. Die
Gemächer sind sowohl unten wie oben mit viereckigen,
schmutziggrauen Marmorplatten (Marmaro), die aus
der Ortschaft Aglanjá herbeigeschafft werden, ge-
pflastert. Ein Stück davon kostet einen Piaster. In
den Zimmern ist der Dachraum frei, daher in manchen
schief oder spitzig, zumeist aber flach. Gewöhnlich
kommt auf die runden Balken ein hübsches Pfahlrohr-
flechtwerk, auf welchem dann lediglich die geraden
Pfahlrohrstäbe des Erddaches ruhen, oder es werden die
Balken einfach mit Brettern belegt; bei Reicheren ist
manchmal die Decke gedielt. Die Thüren sind von Holz
und oben nicht selten mit türkischen Grecques verziert.

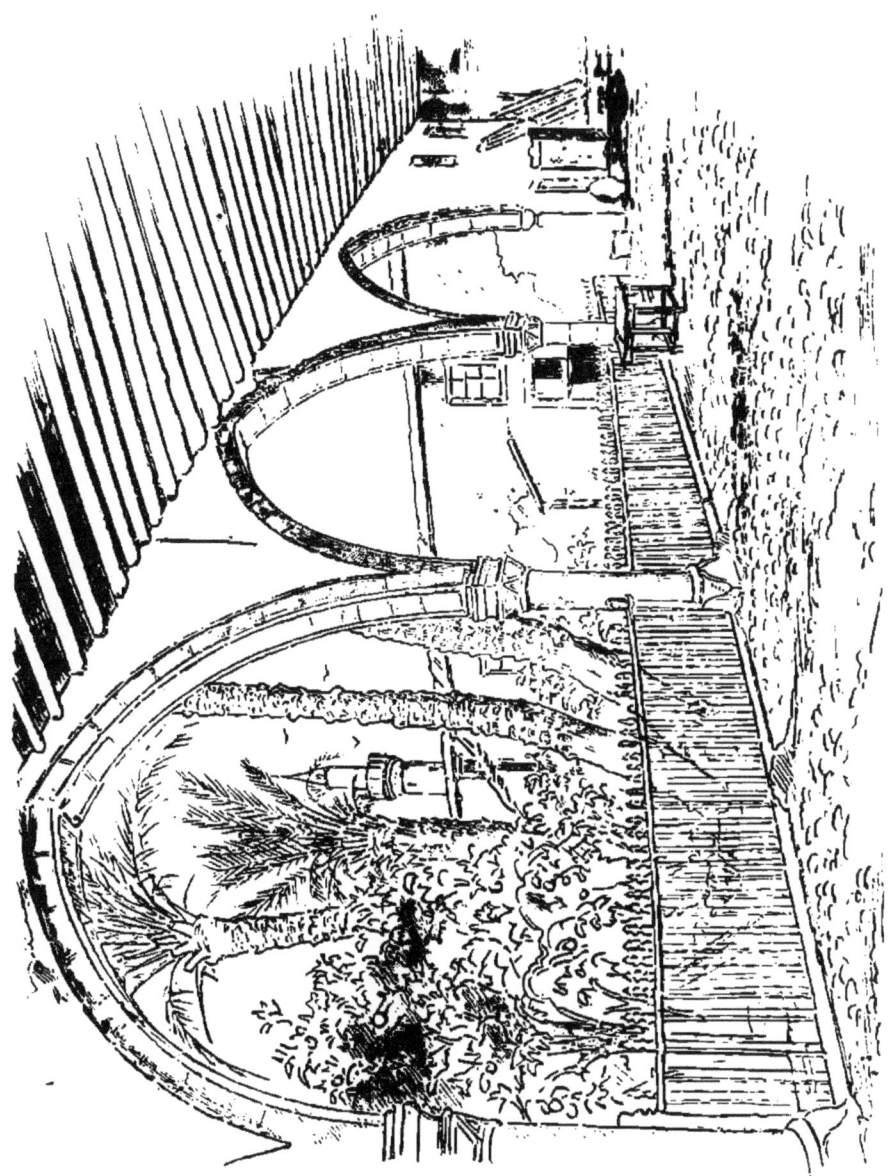

In den türkischen Häusern findet man unten stets ein kleines Diwanzimmer, was von den Griechen zum grossen Theile nachgeahmt wird. In der Regel werden die Decken dieser Zimmer von ein paar Spitzbögen getragen, die auf in der Gürtelhöhe angebrachten Kämpfer-Consolen ruhen, oder von in den Ecken mit Consolen versehenen Balken. Der Boden wird im Winter mit Matten belegt, die aus Egypten kommen, und in der Mitte steht der kupferne Tandour. In den Häusern der ärmeren Classe sind auch ebenerdig Wohnzimmer eingerichtet, die durch hübsche, in Stein durchbrochene, inwendig mit Glas ausgefütterte Fenster, wie sie bei den Moscheen zu finden sind, erleuchtet werden. Ringsum stehen gezierte Stellbretter. Das Mobiliar besteht in einem rohen Bett, wo der Himmel häufig vom Dachboden herabhängt und mittelst eines Strickes und einer Rolle je nach Bedarf hinauf-gezogen oder heruntergelassen wird. Neben demselben sind angenagelt rohe Heiligenbilder und griechische Kreuzchen mit einer Kette zum Umhängen. Weiter findet man da Stühle mit gedrechselten Lehnstäben und niedrigem Sitze und andere mehr oder minder gewöhnliche Möbel. Oft hängt auch vom Dachboden ein Korb zum Aufbewahren des Brodes, Tabayiá genannt, herab, oder es steht in einer Ecke ein Brett zum Aufstellen der Wasserkrüge.

Die reicheren türkischen Einwohner haben oben ein grosses Gemach als Empfangszimmer eingerichtet.

3*

das mit Diwans reichlich ausgestattet und rundherum
mit Stellbrettern auf allerhand Porzellan- und Glas-
waaren versehen ist; daneben befinden sich andere
Zimmer mit breiten Diwans und Ruhepölstern, hübsch
gezierten Stellbrettern mit kleinen Thürmchen in den
Ecken, wo allerlei Sachen aufbewahrt werden und
häufig schlanke Geruchsflaschen zu sehen sind. Die
Griechen haben zumeist modernisirtere Behausungen,
die luftigen Zimmer in den Kiosks aber, wo der
Diwan den ganzen Raum einnimmt und man nach
türkischer Sitte den Fenstern den Rücken kehrt, mit
den Türken gemein. Manche wohlhabende Türken
haben auch grosse vergitterte Kiosks rundherum mit
Diwans, die im Sommer bei der leisesten Luftströ-
mung eine angenehme Kühle gewähren; auch lieben
sie als erfrischenden Aufenthaltsort die nach einwärts
gelegenen Terrassendachungen der niedrigeren Baulichkeiten.

Ebenerdig ist die Küche, bisweilen mit dem Kamin
in der Ecke oder an der Wand nach türkischer Art;
viele Häuser haben auch einen kugelförmigen Backofen mit Marmorgrund und steinernen Seitenwänden,
oben mit Lehm und Stroh gedeckt. Die meisten
Häuser haben ihren eigenen Brunnen, sonst wird das
Wasser auf Eseln, denen auf jeder Seite zwei Krüge
herabhängen, herbeigeschafft.

Sehenswürdige Häuser gibt es in Levkosia sehr
wenige; vor allen ist hervorzuheben ein am Ende

der Yegni Djami-Gasse gelegenes altes steinernes Haus (Kaloiro al Effendi Konak), das nun unter zwei Türken, die mit ihren Familien dort leben, getheilt ist. Es hat ein Spitzbogenthor, dessen äusseres Bogengesims mit einer Kreuzblume endigt und von einem Wappenschild überragt wird; auf beiden Seiten sind je zwei Wappenschilder angebracht. Auch auf dem inneren Bogen ist ein solches zu sehen. Spuren alter Rundbogenfenster sind noch heute sichtbar; an dem Dachgesimse stehen Wasserspeier. Die muselmännischen Besitzer haben auf der quadernen Vorderseite einen hölzernen Kiosk aufgeführt. Das Innere des Gebäudes hat die morgenländische Phantasie vor langer Zeit reichlich ausgeschmückt, jetzt ist aber das Ganze leider vernachlässigt und halb verfallen. Schon gegen die jalousienumgebene Terrasse stossen zierliche, in Stein in allerhand phantastischen Zeichnungen geschnitzte, rückwärts verglaste Fensterchen. Betreten wir die inneren Räume, so finden wir zunächst ein schönes Diwanzimmer; die hübsche türkische Decke, schöne Fensterläden an den vergitterten Fenstern, ein zierlicher cassettirter Schrank an der kleinen Eingangsthür erinnern an die besten maurischen Arbeiten. Ein paar Stufen führen zum Diwanraume. Hier laufen die weichen Diwans ringsum, während die Stellbretter und Thürmchen in den Ecken Gelegenheit bieten, die zierlichsten Nippsachen des Harems aufzustellen. Daneben liegt ein kleineres Zimmer mit einer hölzernen, in

Vierecke eingetheilten Decke und kleinem hölzernen
Geländer zu den vergitterten Fenstern. Auch hier
führen Stufen zum Diwanraume, der mittelst einer
kleinen Balustrade vom Vorzimmer getrennt wird.
Constant bleibt die Sitte der hübschen Stellbretter. Die
Thüren sind theils viereckig mit türkischen Grecques
oder mit renaissanceartigen Täfelungen, theils sind es
kleingeschnitzte Rundbogenthüren. Es gibt da Räume
mit spitziger Dachung, andere mit ganz hölzerner
Balkendecke, wo jeder Balken eine kleine Console
besitzt. Im zweiten Stockwerke ist ein sehr schönes
Zimmer mit türkischer Decke; ober dem Schranke an
beiden Seiten der Eingangsthür ist eine oben vergitterte Terrasse, welche auf den Pfeilern der kleinen
Balustrade, die das Vorzimmer vom Diwanzimmer
trennt, ruht. Zierliche Stellbretter mit Thürmchen
in der Mitte schmücken das Zimmer, das einstens
vorzüglich zu Familienfestlichkeiten und Bällen verwendet worden sein mag.

Unter den den Griechen gehörigen Häusern wäre
eines (Celebijanko) hervorzuheben, das in der breiten
Ayios Andonis-Gasse rechter Hand, wenn man auf
die im Grunde der Gasse befindliche Kirche schaut,
gelegen ist. Es ist dies ein einfaches, aus Quadern
sehr fest gebautes zweistöckiges Gebäude mit einem
Marcuslöwen, hinter welchem sich ein Hügel mit einem
Castell erhebt, über dem Eingange. Es hat einen
breiten Hof mit vier Bögen auf jeder Seite und dreien

gegen die Eingangshalle, wovon ein breiteres in der
Mitte und zwei schmälere an der Seite. Die Eck-
säulen tragen vier Bögen. In neuerer Zeit wurde
über dem Eingange ein Corridor mit einer Holz-
treppe hineingepfuscht.

Fast jedes Haus hat seinen Pomeranzengarten,
aus welchem mächtige Palmen emporragen. Es gibt
aber auch ausgedehnte Gärten innerhalb der Stadt,
die mehr wie die Hälfte derselben einnehmen. Alle
diese Gärten sind gegen die Gasse mit Lehmwänden
umfriedet, gegen die Halle des Hauses, zu dem sie
gehören, aber offen oder mit einem niedrigen Holzgitter versehen, und werden entweder aus einem Bassin
oder direct durch die Wasserleitung bewässert. Man
cultivirt darin jegliche Frucht: zahlreiche Orangen,
darunter doppelte und Blutorangen, sowie auffallend
grosse Mandarinen; sehr süsse orangenartige, aber
citronengelbe Limonis (Lemonia gligiä), welche auf
der Insel ganz billig sind und allgemein gegessen
werden; wenig warzige Cedern, die eine weisse Pasta
haben und von auffallender Grösse sind, aber bald
faulen, so dass man sie häufig in Wachs aufbewahrt.
Diese letztere Fruchtgattung wird sowohl im Com-
pote, als auch frisch gegessen, indem man sie in
Schnitte schneidet und mit Zucker bestreut. Daneben
werden zahlreiche Aprikosen und andere Obstsorten
gezogen, Johannisbrod-, Granatäpfelbäume und Palmen,
von welchen letzteren manche sehr schwarze aber gute

Datteln liefern. Die Dattelbündel werden mit weichen Strohkörben umwickelt, damit sie von den unzähligen Raben, Krähen und Dohlen, welche bisweilen die Wedeln einer Palme so bedecken, dass sie davon förmlich schwarz aussieht, nicht aufgezehrt werden. Endlich Reben und viele Maulbeerbäume, die man zum Betriebe der Seidenzucht braucht. Neben den Obstgärten findet man auch zahlreiche Gemüsegärten, welche mit Norias (Avláki) bewässert und in denen gelbe Rüben, Zwiebel, Kohl, der roh genossen wird, sowie viele Opuntien und Blumen angebaut werden.

Die Gärten zahlen 10⁰/₀ der Ernte. Die Zehnte wird versteigert und zwar den ganzen März hindurch; am letzten wird sie dem Meistbietenden zugesprochen. Die Heuschrecken, die sonst immer grosse Verwüstungen angerichtet haben, sind durch die energische Thätigkeit eines der reichsten Grundbesitzer der Insel, Richard Matei, und durch die Bemühungen der Regierung ausgerottet worden. Die Reben haben aber immer noch durch das Oidium zu leiden.

IV.

Moscheen (Téké). Heiligengräber.

Der fromme Sinn der Türken hat, seitdem sie die Insel in Besitz genommen, mehrere Moscheen in Levkosia geschaffen, welche theils neu erbaut, theils aus schon bestehenden Kirchen hergerichtet wurden. Unter den Letzteren nimmt die Hauptmoschee Ayia Sophia, die schönste Zierde der Stadt, den ersten Rang ein.

Es ist dies ein massiger gothischer dreischiffiger Bau mit fast flachen Dachungen, die ursprünglich aus einer Kieskalkschichte bestanden; jetzt ist die rechte Seite und das Hauptschiff meistens nur mit Lehm gedeckt, erstere sogar theilweise offen. Das Hauptschiff wird durch drei grosse Spitzbogenfenster und zwei Doppelspitzbogenfenster, über welchen sich das Dachgesims giebelförmig erhebt, erleuchtet. Das vierte Spitzbogenfenster fehlt. Das Chor weist fünf Fenster auf, wovon sich eines in der Mitte befindet. Auf beiden Seiten des Hauptgiebels der Vorhalle erheben

4

sich zwei Thurmansätze mit einer mit Kraben an
den Seiten versehenen Giebelthür unten, und grossen
Spitzbogenfenstern; dieser obere Theil ist jedoch nur
auf der linken Seite erhalten, die ein nun ödes, lediglich
von einigen Tauben bewohntes Zimmer mit einem
einfachen Kreuzgewölbe und Blumencapitälen in den
Ecken aufweist. Während diese Thurmansätze vorne
einen viereckigen Eckpfeiler zeigen, haben sie nach
rückwärts runde Treppenthürme, auf welchen die
beiden Minarete sich erheben. Man geniesst von
der Terrasse derselben eine reizende Aussicht auf
die Stadt mit ihren zwölf Minareten (die zwei von
Ayia Sophia mitgerechnet) und auf die herrlichen
Gebirge, namentlich wenn sie bei Sonnenuntergang
in einem feenhaften Lichtschimmer erglänzen. Von
beiden Minareten herab ertönen die melodischen Rufe
der Muezzins. Diese Ausrufer, fünf an der Zahl,
von denen jede Woche je zweie den Dienst versehen, haben freie Wohnung und hundert Piaster
monatlich, was aus den reichen Renten der Moscheen
bestritten wird.

Verfolgen wir nun die äussere Wand der Kirche,
so fallen uns vor Allem die Strebepfeiler auf. Es gibt
deren auf jeder Seite sechs, welche durch Strebebögen,
die oben mit einem Fries von fünf fortlaufenden Frei-
pässen versehen sind, das Mittelschiff stützen. Von
diesen Strebepfeilern ist der dritte auf der linken Seite
höher und reicht mittelst zweier Strebebögen, über

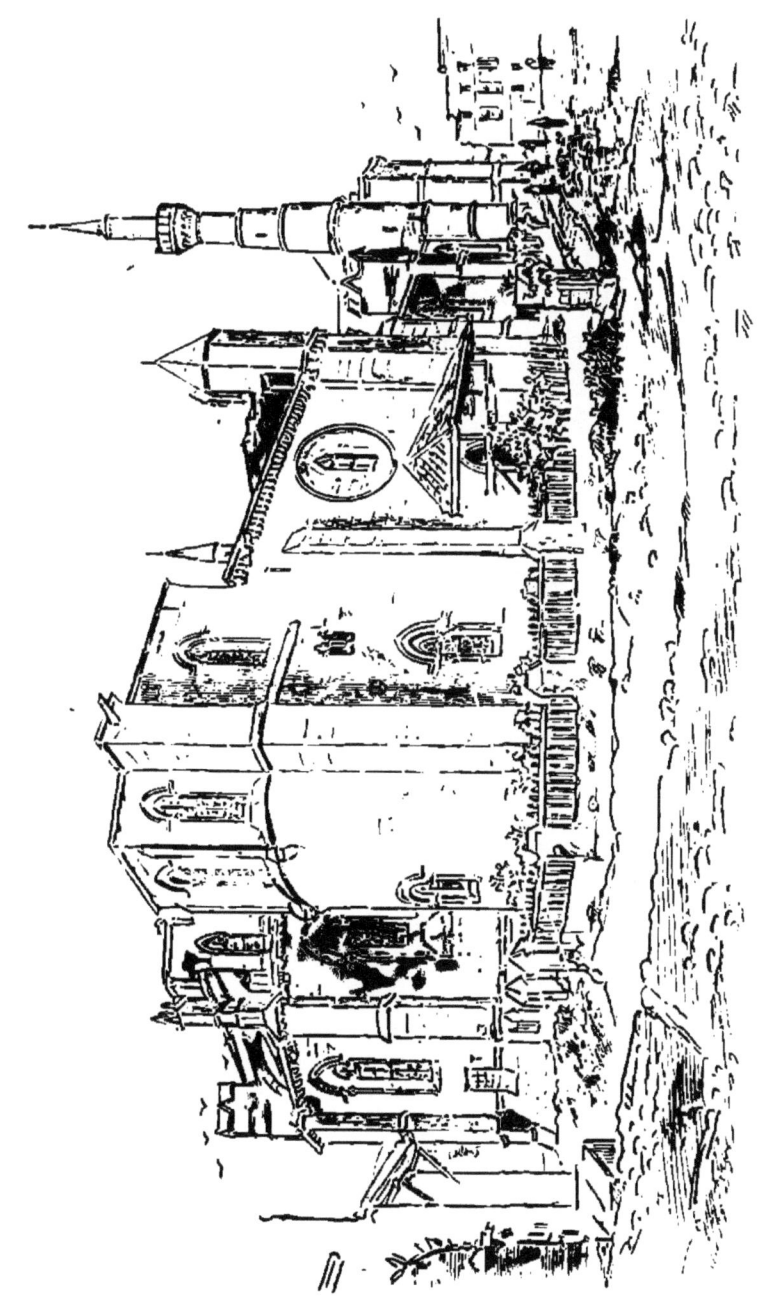

welche eine offene Treppe geht, bis zur Dachung.
Zu dieser Treppe gelangt man durch einen achteckigen Treppenthurm, der nach vorne an den linken
Vorbau angebaut ist. Auch der rechte Vorbau hat
einen derartigen Treppenansatz. Es gibt nämlich auf
beiden Seiten der Kirche, als Arme des Kreuzes, zwei
Anbaue, wovon der linke drei, der rechte nur zwei
Strebepfeiler fasst. Der linke, versehen mit einem
einfachen Spitzbogenportal, über dem eine nun ver-
mauerte Fensterrose noch sichtbar ist, endigt nach
rückwärts in einer unten runden, oben eckigen Absis.
Im Innern enthält dieser rückwärtige Theil zwei Räume,
von denen der untere jetzt als Oelmagazin verwendet
wird und der obere ganz verlassen dasteht. In dem
unteren finden wir ein einfaches Kreuzgewölbe, Säulen
in den Ecken mit Blumenknäufen und einen halb
zerstörten Weihkessel in der Wand. Ein starker Bogen
trennt die von vier Rippen gebildete Absis. In der
Mitte ist ein kleines Fenster. Der obere von einem
Spitzbogenfenster erleuchtete Raum ist ein einfaches
Kappengewölbe und hat eine Absis mit vier von
einem Schlusssteine ausgehenden Rippen, welche auf
Colonnetten ruhen, die ihrerseits wieder auf einem
Cordon stehen, in welcher einst wahrscheinlich ein
Altar gestanden. Der Zugang zu diesen Räumlichkeiten befindet sich im Innern der Moschee. Der
auf der rechten Seite der Kirche befindliche Anbau
hat eine runde Absis und ein mit Kragsteinen ver-

4*

sehenes Dachgesims, wie das Chor der Kirche; in
der Mitte und auf jeder Seite dieses Vorbaues ist
ein Spitzbogenfenster angebracht. Das Seitenportal
ist hier viel schöner, aber gegenwärtig verschlossen;
es besteht aus Marmor mit Kraben am Rande und
hat ein Giebelfeld mit einem in drei Dreipässen eingetheilten Maaswerk. Daneben liegt eine verödete
Ruhestätte. Zwischen dem ersten und zweiten Strebepfeiler ist ein kleiner kapellenartiger, durch einen
oben flachen Strebepfeiler gestützter Anbau mit einer
Rosette, zwei Wappenschildern und einem Spitzbogenfenster nach vorne. Derselbe enthält eine einfache
Kappenwölbung mit zerstörten Figurenknäufen und
einem Schlusssteine. Von den Strebepfeilern zur
Rechten trägt der zweite eine kleine nun verwitterte
Sonnenuhr und der letzte, der Reihe nach der sechste,
ist später durch einen Strebebogen gestützt worden.
Hierauf folgt das von vier Strebepfeilern gehaltene
Kirchenchor.

Treten wir nun in das Innere ein. Die prächtige
Vorhalle weist einen grösseren mittleren und zwei
kleine Seitenspitzbögen auf und wird durch zwei Spitzbögen in drei Räume getheilt, von denen die beiden
seitlichen der Moscheensitte gemäss einen erhöhten
Fussboden haben. Das Innere der Moschee gewährt
einen sehr überraschenden Anblick. Fünf Spitzbögen
scheiden das Mittelschiff von den beiden Seitenschiffen;
unterhalb des fünften Bogens dehnt sich in den linken

Arm ein Kreuzgewölbe aus, welchem der rechte offene
Arm gegenüber steht. Das Presbyterium bilden anfangs
zwei niedrigere Spitzbögen, welche mit den die Seitenschiffe trennenden parallel laufen, dann weitere zwei
auf jeder Seite und ein äusserst geschwungener in
der Mitte. Die Pfeiler sind sehr massiv und rund,
die Capitäler oben achteckig, gegen unten zu aber
abgerundet und neuerer Zeit geschmacklos grün oder
blau mit gelbem und rothem Rande angestrichen,
was von dem sonst weissgetünchten Innern grell
absticht. Die Pfeiler des Presbyteriums sind dünner,
namentlich die vier äussersten aus grauem Granit mit
byzantinischen Capitälern. Herrlich ist das Spitzbogen-
Triforium auf der innern Wand der Vorderseite gegen
das Mittelschiff, welches die beiden Seitenschiffe ver-
bindet, die längs der Wand ebenfalls einen schmalen,
bei jedem Pfeiler drei Stufen höher steigenden und
von einem flachen runden Bogen getragenen Gang
aufweisen. Man gelangt zu dieser Gallerie von der
Minarettreppe. Bei der Adaptirung der Kirche als
Moschee hat man, um die vom muselmännischen
Ritus vorgeschriebene Richtung einzuhalten. Alles
von links nach rechts schief aufbauen müssen. In
dem rechten Arm ist der Mihrab und unweit davon
der Mèm Ber; der von Cipollinsäulen getragene
Mahfil steht in der Mitte. Es sind dies durchwegs
neue, hässliche türkische Arbeiten. Ein Theil des
marmornen Fussbodens gegen den Mihrab zu

wurde erhöht, so dass die Postamente der Pfeiler, darunter mehrere aus dem Presbyterium, eingemauert sind. Wenn man die Teppiche und Matten hebt, sieht man viele alte Grabmäler, worunter mehrere abgebrochene zur Pflasterung des erhöhten Theiles verwendet wurden. Die Fenster der Moschee sind mittelst dünnen, in allerhand Zeichnungen durchbrochenen Steinquadern verschlossen, so dass sich in den weiten Räumlichkeiten ein hübsches Zwielicht ausbreitet.

Wiewohl das rechterseits von der Ayia Sophia gelegene Baptisterium den Moscheen nicht beizuzählen ist, kann ich doch nicht umhin, hier desselben mit wenigen Worten zu gedenken.

Es ist dies ein altes, nun im Inneren abgetheiltes und als Oel- und Getreidemagazin verwendetes Gebäude, das die Spuren wiederholter Umänderungen an sich trägt. Das in einer aus dem Achteck construirten Absis endigende Mittelschiff trägt eine runde Kuppel mit vier einfachen Spitzbogenfenstern mit Bogengesims und wird am Ende der Absis durch zwei Wandpfeiler gestützt. Das Stück mit dem Portal, das unsere Abbildung darstellt und das die Aussenseite des linken Seitenschiffes bildet und mit vier oben flachen Strebepfeilern versehen ist, ist späteren Ursprungs und nach hinten zu sieht man noch die davon hervorragenden Schmatzen. Rechterseits fehlt das Seitenschiff gänzlich. Das Hauptschiff hat

vorne ein Spitzbogenfenster, das Seitenschiff eine
Rosette. Neuerer Zeit ist eine von vier rohen Spitzbögen gebildete Halle vorgebaut worden. Das Innere
zeigt uns im Hauptschiff beiderseits vier kurze Spitzbögen, eine durch Spitzbögen, die auf an die Wand
angelehnten runden, jedem Pfeiler sich anschmie-
genden Säulen ruhen, getrennte Wölbung mit sich
einfach kreuzenden Rippen und schlichte Schlusssteine.
Der letztere Spitzbogen trennt die über die zwei letzten
Seitenbögen sich erhebende Kuppel vom Presbyterium.
Die Kuppel geht durch Zwickelkappen aus dem Vierecke in den Zirkel über. Im Presbyterium sieht man ein
einfaches Kreuzgewölbe, das mit einem von zusammen-
gesetzten Säulen getragenen Spitzbogen abschliesst.
Vom Schlusssteine der Absis laufen sechs Rippen
aus und ruhen auf dünnen dreifachen Säulchen. In
der Mitte ist ein Spitzbogenfenster angebracht. Das
Seitenschiff hat ein ähnliches Gewölbe und eine nischen-
förmige Absis.

Nach der Ayia Sophia müssen wir des nicht
weit davon gelegenen Haidar Paschà Djami si
gedenken, das einst eine der heiligen Caterina
geweihte Kirche gewesen war. An der rechten äusseren
Seite der Moschee zeigt man noch heutzutage die
Stelle, wo sich das Grab der Heiligen befunden
haben soll, und Griechen kommen häufig dahin, um
dort Lampen anzuzünden. Die Vorderseite weist ein
hübsches gothisches Portal auf, dessen Bogengesims

durch Fialen eingeschlossen ist; darüber erblickt man eine kleine Fensterrose. Auf der rechten Seite wurde das Minaret, das nach jenen der Ayia Sophia das höchste der Stadt ist, in plumpen Formen hinzugebaut, während sich links ein nun verfallenes Gebäude, von dem nur noch ein paar Spitzbögen übrig geblieben, an die Moschee anschliesst. Rechter Hand steht ein Portal mit Verzierungen und Kreuzblumen. Drei gothische Fenster, von denen die beiden ersteren durch eine Colonnette geschieden sind, unterbrechen den Raum zwischen den vortretenden Strebepfeilern, aus denen oben Wasserspeier herausragen. Links von der Moschee sind mehrere Strebebögen und hinten ein thurmartiger Anbau. Das Innere ist weiss getüncht und stark beschädigt. Zwei Spitzbogen tragen die mit sich einfach kreuzenden Rippen versehene Wölbung. In der Absis treten aus dem Schlussstein sechs auf Colonnetten ruhende Rippen hervor. Mihrab und Mèm Ber liegen bei dieser Moschee rechter Hand.

In dem gegenüber liegenden Hause eines der Imam dieser Moschee kann man eine aus Nephrit verfertigte Schale sehen, die derselbe im Garten unweit von Sta. Caterina ausgegraben hatte und die einstens wahrscheinlich zu Waschungen gedient haben mag.

Gehen wir von der Ayia Sophia südwärts weiter, so kommen wir zuerst zu der Emerghé Djami si.

Es war dies vor Zeiten auch eine Kirche, Sⁿ Nicoló benannt. Dieselbe steht auf einem Friedhofplatze; dem Eingange gegenüber befindet sich eine von Marmorsäulen getragene Quelle und vor der Vorhalle stehen ein paar Gräber, aus welchen eine Dattelpalme emporragt. Links erhebt sich ein später angebauter Theil mit zwei Renaissancefenstern, dessen Giebel aus dem Dachgesims gebildet ist und von zwei Kragsteinen getragen wird; vor demselben steht das schiefe Minaret. Von der Vorhalle ist nur der rechte Theil mit einem alten Spitzbogen erhalten. Ein einfaches Spitzbogenportal führt uns in · das blanke, von sieben einfachen Spitzbögen getragene Innere. An dem letzten Bogen und den vier der Absis sind die verstümmelten Pfeiler der alten Wölbung zu sehen. Beim Eingangsthor und im Fussboden gewahrt man noch Bruchstücke alter christlicher Grabmäler.

Die übrigen Moscheen Levkosia's sind durchwegs türkische Bauten, bestehen wohl ebenfalls aus Mauerwerk. sind aber von gar keiner Bedeutung: wir wollen von denselben daher nur flüchtig Erwähnung thun.

Die Pairaktar Djami, vor welcher eine Noria mit Wasserreservoir steht, hat eine Spitzbogenhalle mit Seitenbogen, links eine vergitterte Seitenhalle und ein Minaret. Ueber der Thür ist eine türkische Inschrift zu lesen; drei Spitzbogen tragen die flache

5

Dachung. Die steinernen, mit Gold gezierten, aber etwas zopfigen Mèm Ber und Mihrab stehen schief nach links. Ueber dem Eingange erhebt sich eine Terrasse. Links ist das Grab des ersten Türken, der Levkosia betreten; es ist mit einer grünen Decke und einer Fahne derselben Farbe versehen, daneben stehen Almosenkasten; der Boden ist mit Rehfellen gedeckt.

Die Tahta Calá Djami si am Ende der gleichnamigen Strasse, vor welcher eine verödete Ruhestätte und eine Kielbogenquelle steht, ist klein und weist eine mit einem türkischen Holzgitter verschlossene Rundbogenhalle auf mit drei Bogen vorne und zwei andern an den Seiten. Zur Linken erhebt sich das Minaret. Drei Spitzbogen halten die Dachung; es ist dies eine rohe neutürkische Arbeit.

Jegni Djami liegt auf einem breiten Friedhof-platz, wo ich die schönsten Grabmäler Levkosia's sah. Es stand hier ehemals eine alte Moschee, von der nur das Minaret und ein Stück gothischer Wölbung (da sie ursprünglich eine Kirche gewesen) übrig blieben. Diese Moschee wurde von einem habsüchtigen Pascha, dem es träumte, dass darin Schätze verborgen seien, zerstört. Die Türken Levkosia's beschwerten sich darüber in Konstantinopel und es kam die Ordre, den Pascha hinzurichten. Die Koubba neben der neugebauten Moschee (daher

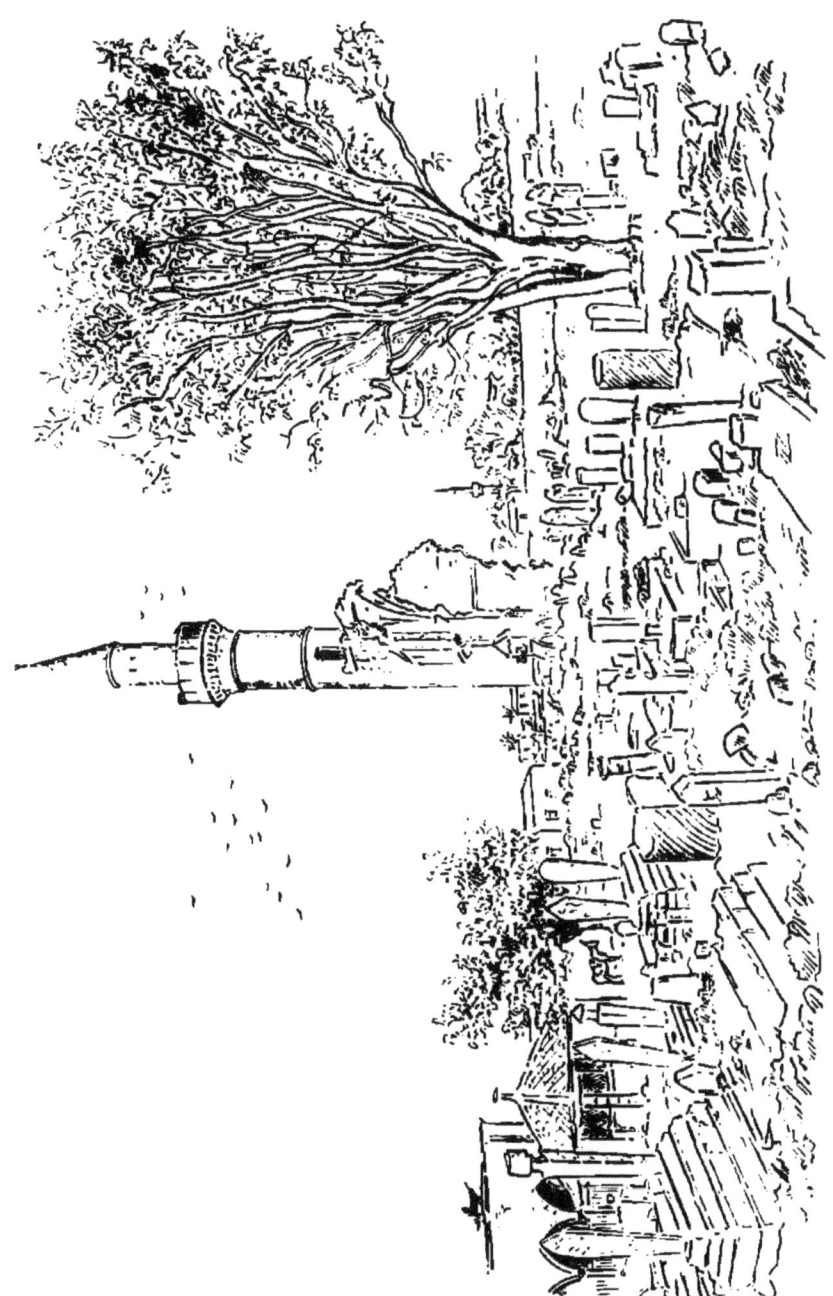

Jegni, die neue, benannt) ist sein Grab. Jegni
Djami hat eine rohe von vier Spitzbogen getragene
Halle, welche sich auf drei Spitzbögen nach rechts
um das Gebäude fortsetzt; vor derselben befindet sich
eine gedeckte Quelle.

Laleli Djami si in der Nähe hoher Palmen
und eines schlanken Minarets. Ueber dem Eingange
mit türkischer Inschrift steht ein Rebendach; im kleinen
Gehöfte, wo eine Schule steht, wachsen Orangen- und
Oelbäume. Die Moschee hat eine von vier Spitzbögen gebildete Vorhalle und im Innern eine von
drei Spitzbögen getragene hölzerne Balkendecke.
Rohes vergoldetes Mèm Ber und Mihrab. Auf
der linken Seite eine Absis der alten Kirche, die
früher hier war.

Serai oder Seraimus Djami si gegenüber
vom Serai. In dem öden Gehöfte derselben, an
welches rechts das aus Lehmziegeln aufgeführte Tele-

graphenamt anstösst, steht, neben einer hohen Platane,
das beliebte Rendezvous der Raben, die sogenannte

5*

Venetianersäule. Diese Säule ist rund, hat ein sechseckiges Postament mit vier Wappen, wovon eines den Dogenhut führt, und ist aus Granit gearbeitet; Capitäl, Gesims und Wappen sind aus Marmor. Auf der anderen Seite, nämlich rechts, ist ein antiker marmorner Sarkophag mit einer griechischen Inschrift zu sehen, der früher neben der Säule gestanden haben soll; derselbe wird nun als Quelle benützt. Die Moschee, vor der ein türkisches Grab steht, ist ein Quadernbau mit einer von drei niedrigen Spitzbögen gebildeten Vorhalle, in dessen gemauerten Seitenpfosten noch verstümmelte, theilweise mit weggemeisselter Inschrift versehene Grabsteine zu sehen sind. Zur Rechten steht ein einfaches Minaret. Die Moschee ist auch im Innern ein ärmliches Beispiel ländlich türkischen Styles; sie wird von zwei Spitzbogen getragen und erhält von der Seite das Licht. Liliputisch sind auch die Kerzen neben dem rohen Mihrab.

Nicht weit davon ist die Iplik Bazar Djami si mit dreibögiger Halle und einem kleinen Minaret, der Breite nach gebaut und von einem rohen Spitzbogen getragen.

Etwa in der Mitte des türkischen Stadttheils steht die Arabahmet Djami, eine der hübschesten Moscheen Levkosia's. Eine mit hängenden Ketten gegen das Eindringen der Pferde versehene Thüre führt an einer Quelle vorbei in das Gehöfte, wo

THE CHRISTIANS' GATE

schöne Orangenbäume und mächtige Ricinus zahlreiche Gräber beschatten. Die Moschee ist ein
Kuppelbau mit einem Minaret zur Rechten und mit
einer Vorhalle, welche von drei Kuppeln gebildet
wird. Das Innere ist schlicht und weist vier Spitzbogen in der Quere und vier andere in den Ecken
auf, welche die Kuppel tragen. Hübsches Mihrab
und Mèm Ber. Vor dem Mihrab hängt ein
Straussenei.

Turuslu Djami mit einem herrlichen Rebendach über dem Eingang in den kleinen Hof, wo
links eine achteckige Quelle, rechts eine riesige
Palme steht. Sie hat vorne eine von sechs, rechts
von vier Spitzbögen gebildete Halle, ein Minaret zur
Linken, wird im Innern von vier sehr flachen Spitzbögen getragen und ist oben mit Fenstern und mit
rohen türkischen Verzierungen versehen.

Tukiannar Djami mit einem einzigen ziemlich
flachen Spitzbogen vorne an der Halle und zwei
anderen an den Seiten, rechts ein Minaret und eine
Quelle.

Stavros Misir Djami si oder Mehemmed
Seid Djami war früher eine griechische Kirche
Sta. Croce gewesen, und weist vorne eine von
zwei Bogen und zwei Seitenbogen gebildete Vorhalle auf, an welche links ein niedriges Minaret
angebaut ist. Sie hat eine achteckige, durch vier
Fenster erleuchtete und inwendig von Spitzbögen

getragene Kuppel. Der Mihrab kommt links schief zu stehen.

In der breiten Gasse, welche vom Cerinja-Thor ausgeht, ist ein Téké, wo 36 Derwische wohnen. Beim Eingang treffen wir ein von einer Weinlaube beschattetes Wasserreservoir mit angebautem rohem Kiosk, daneben einen tiefen Brunnen. Auch ist da ein von drei Bogen getragener Tanzsaal mit Kiefern-Fussboden und einer von zwei Spitzbögen getragenen Halle für Zuschauer. Jeden Sonntag wird hier getanzt. Der Strasse entlang laufen sechs eiartige Kuppeln (Koubba's), die mit einander zusammenhängen und 15 Gräber enthalten. Diese weisen häufig rohe Steine an beiden Enden auf, worauf eine echte Derwisch-Mütze; das sind die gewöhnlichen Derwische. Die Scich, zwei an der Zahl, haben den grünen Turban mit Derwisch-Mütze aus weichem Stein. Der eine ist Ahmet Paschá, der hier starb. Nach Aussen sind Holzgitter angebracht, damit man die Gräber sehen könne.

Der heiligen Grabmäler gibt es mehrere, so eines hinter Sta. Caterina in der Asim-Effendi-Strasse mit grünem Ueberzug und roh beschriebener Fahne und einer angebauten nun versiegten Quelle mit türkischer Inschrift. Unweit der Turuslu Djami ein anderes, wo sieben sehr roh angeworfene Gräber stehen. Ein paar Schritte weiter von Jegni Djami links in der Gasse sind drei Gräber zu sehen; eines

im Grundflor eines Hauses, die beiden anderen mit
einer Koubba. Bei allen hängen an den Gittern,
durch welche sie von der Gasse aus sichtbar sind,
zahlreiche Bändchen und Fetzchen, die von Gläubigen
Ex Voto aufgehängt wurden.

V.

Kirchen und Klöster.

Die Zahl der Kirchen, deren Levkosia zur Zeit
der christlichen Herrschaft an 250 gezählt haben soll,
ist neuerer Zeit bedeutend reducirt worden. Mit
Ausnahme einer katholischen und einer armenischen
sind sie sämmtlich dem griechischen Cultus gewidmet.
Es sind dies meistens kleine, aus Stein aufgeführte
Bauten mit uneingedeckten Wölbungen; manche derselben stehen da ohne Glockenthurm, da der Bau eines
solchen erst seit 1856 gestattet ist. Im Innern sind
an den Seiten und auch in der Mitte hölzerne, den
Chorstühlen nicht unähnliche Sitze für Männer angebracht; rückwärts oben ist eine vergitterte Empore
für Frauen. Die Umgebung zieren nicht selten mächtige
Oelbäume, welche als Symbol des Friedens besonders
beliebt sind. Der Kirchendienst wird von Popen und
in einzelnen Kirchen auch von Mönchen versehen. Jede
Kirche hält Miethzimmer für Fremde bereit, die theils
aus Andacht, theils Geschäfte halber zur Stadt kommen.

Die älteste Kirche Levkosia's war jene von Phaneromeni, da sie aber angeblich baufällig war, wurde sie eingerissen und man baut jetzt an ihrer Stelle eine grosse dreischiffige Kirche theils in griechischem, theils im Renaissance-, theils in byzantinischem Style. Bei der Kirche ist ein Gehöfte von Bogenhallen und von flachen, lediglich durch runde Säulen mit Balkenconsolen getragenen Hallen.

Von den jetzt bestehenden Kirchen ist die Tripiotis-Kirche die älteste. Es ist dies ein gedrungener, aber nicht unschöner Bau mit dreifachen uneingedeckten Wölbungen und einer rohen, von drei grossen und zwei kleinen Spitzbögen gebildeten Halle, gegen welche das Hauptthor mit rohen Sculpturen stösst; zur Rechten steht der neugebaute Thurm. Ueber den zweiten Säulen des dunklen Innern erhebt sich die runde von vier Fenstern erleuchtete Kuppel mit einfachen Zwickelkappen. Der fünfte Rundbogen gehört der Absis an. Hinter der goldstrotzenden Ikonostasis vor der nischenartigen Absis steht ein reich verzierter hölzerner Baldachinaltar, zu dessen beiden Seiten und hinter demselben Fenster angebracht sind. Am zweiten Pfeiler rechts ist ein hübscher aus Perlmutter und Schildpatt ausgelegter Baldachinpult mit vier Säulen, Proskinitari genannt, wo man die auf Tafeln mit Goldgrund gemalten Bilder der Heiligen an den betreffenden Festtagen aussetzt. Zwischen dem ersten Bogen ist oben eine grosse Empore für Frauen angebracht; neben der Vorhalle stehen alte Oelbäume und ein Orangengärtchen, dann ein geräumiges, der Länge nach von zehn, der Breite nach von vier Spitzbögen gebildetes Gehöfte mit Orangenbäumen.

Hinter der Kirche von Tripiotis liegt das Kloster von Macerà, wo nur eine kleine Kapelle, aber eine grosse sehr besuchte Herberge zu finden ist.

Unweit von Tripiotis steht die neue, mit Hohlziegeln gedeckte Ayios Savas-Kirche mit einem Thürmchen zur Rechten; der Hof, der vier Bogen der Breite nach und neun andere der Länge nach aufweist, ist mit Orangen- und Olivenbäumen bepflanzt. Rückwärts ruht die Halle auf Säulen und schliesst sich durch ein paar Spitzbögen der Kirche wieder an. Das Innere wird durch zwei Säulen in zwei Schiffe getrennt und hat zwei Altäre; auf dem rechten sind grosse Kreuze mit Holzfüllung und Filigran rund herum zu sehen. Der linke Altar ruht auf einem umgekehrten römischen Capitäl. Ober dem Eingange und links steht die bemalte Frauen-Empore.

Die Kirche des erzbischöflichen Palastes Ayios Joannis, im Innern des Hofraumes gelegen, wo rechterseits sich der reichverzierte neue Thurm erhebt, ist ein rüstiger primitiver Bau; die Wölbung wird von vier Spitzbögen getragen und ist dicht bemalt; die Ikonostasis strotzt von Gold.

Ayios Andonis mit geraden oben flachen Strebepfeilern an den Seiten der Kirche und zur Linken vorne ein neuer Thurm, schöner wie alle anderen. Die Vorhalle mit einem Bogen und zwei an den Seiten hat eine Spitzwölbung. Das Innere bietet eine von fünf Spitzbögen mit Kämpferconsolen getragene einfache Wölbung. An den Seiten sind Fenster und über dem Eingange eine geschnitzte Empore angebracht. Auch ist da ein hübsches Proskinitari, ähnlich jenem in der Tripiotis-Kirche zu sehen. Ueber dem Eingange liest man das Datum 1736. Die Kirche hat ein unregelmässiges, von ungleichen Spitzbogenhallen umgebenes Gehöfte mit ein paar Orangen- und Olivenbäumen.

Ayios Jakovos ist ein kleiner Kuppelbau mit vier Tonnenwölbungen, auf deren Mitte ein Viereck steht, über welchem sich die durch acht schmale Fensterchen beleuchtete Kuppel erhebt. Im Innern zeigt es vier Spitzbögen, von denen der rückwärtige verlängert wurde. Die holzgeschnitzte Ikonostasis führt oben den russischen Aar. Spitzbogennische der Absis.

Hrisalinniotissa, mit zwei runden Kuppeln, uneingedeckter Wölbung und neuem Glockengiebel, hat eine von acht Bögen gebildete Halle und ein Portal mit ausgezackten Spitzbogen und ein paar Blumenknäufen, sowie zwei Seiteneingänge. Das Innere ist höchst eigenthümlich; starke massive flache Spitzbögen umschliessen die Hauptkuppel, ein starker Bogen trägt die Dachung, dazu auf jeder Seite die unregelmässig

6*

gewölbten Arme des Kreuzes. Von den drei Nischen hat
nur die mittlere einen Baldachinaltar. Rechts ist noch
eine Nebenwölbung. Schön geschnitzte Frauenemporen
mit türkischen Anklängen erdrücken das ganze Innere.
Die Kirche hat ein von sechs, neun und zehn Bogen
gebildetes Gehöfte mit einer ausgedehnten Herberge
der Klostergeistlichen.

Ayios Kassianos ist eine neue thurmlose Kirche
mit drei Querwölbungen und zwei Eingangsthüren.
Sie ist zweischiffig, daher mit einer doppelten Absis
versehen und von drei Spitzbögen gebildet, und hat
eine grosse Frauenempore.

Ayios Yeoryios ist eine kleine Kirche, rechts
mit zwei Spitzbögen, links mit hölzerner Decke.
Sie hat nur einen Altar und einen grossen Garten
daneben.

Ayios Lukàs hat zur Rechten eine dreibögige
Halle und einen Glockengiebel, links einfache, oben
flache Strebepfeiler. Die Kirche ist zweischiffig, das
rechte Schiff hat eine nach aussen aus einem Achteck
construirte Absis. Mit einem kleinen Spitzbogenportal
stösst sie gegen die Gasse. Das von zwei Säulen
getrennte Innere zeigt uns Spitzbögen und eine einfache Kappenwölbung. An den Seiten ruhen die
Spitzbögen der Seitenschiffe auf Kämpferconsolen;
nur rechts ist ein Altar. Eine grosse vergitterte
Frauenempore nimmt den Grund und einen Theil
der Seiten der Kirche ein. Rechts steht der Bischofs-

thron. Zwei in Winkel gestellte Reihen von fünf
Spitzbögen bilden ein kleines inneres Gehöfte, wo
Oelbäume wachsen.

Die armenische Kirche, Panayia-Kirche, hat
eine von vier Spitzbögen gebildete Halle mit Stutz-
bögen gegen die Pfeiler. Das Innere ist ein einfaches
Kreuzgewölbe mit einem Spitzbogen, der die breite
Absis, welche mit sechs auf kleinen Pfeilern ruhenden
und aus dem Schlussstein ausgehenden Rippen versehen ist, trennt. Der mit einem Baldachin und Adler
versehene Altar ist stark erhöht. Rückwärts im Grunde
der Kirche ist der vergitterte Raum für die Frauen.
Am Boden sind Matten und Teppiche ausgebreitet.
Daneben ist ein Garten mit Oelbäumen.

Zum Schlusse sei des von fünf spanischen und
italienischen Mönchen bewohnten katholischen Klosters
Sta. Croce gedacht. Die Kirche ist klein, hat eine von
zwei Spitzbögen mit Kämpferconsolen getragene Wölbung, eine Nischenabsis und zwei Seitenaltäre. Rückwärts ist ein tiefer gewölbter Raum für die Frauen,
darüber eine Empore. An mehreren Stellen ist das
spanische Wappen zu sehen, auch wird bei Festlichkeiten die geschmacklos angestrichene Kirche roth und
gelb behängt. Einen hübschen Anblick gewähren die
zahlreichen Ampeln mit Strausseneiern. In dem Kloster,
welches 1733 erbaut und 1863 durch Zubau erweitert
wurde, ist ein kleiner Kreuzgang; unten das kleine,
als Empfangszimmer benützte Diwangemach und

daneben das Refectorium mit Marmortischen, oben
ein im rechten Winkel gebauter Gang mit zwölf
Zellen und ein Seitengang mit drei Zellen. Die Seite
gegen den ziemlich geräumigen Klostergarten zieren
zwei hölzerne Balkons, zu denen Orangenbäume, mit
ihren saftigen Aesten einen smaragdenen Kranz
bildend, hinanreichen, während sie unten von wohl-
riechendem Jasmin vielfach umrankt werden. Man
blickt von hier aus auf das Paphos-Thor und
auf die ferne Gebirgskette mit dem hochthronenden
Troodos, ein herrlicher Anblick für die contem-
plative Askese mit den traumhaft verschwommenen
Gebirgen voll classischer cyprischer Erinnerungen,
einst von prachtvollen Tempeln und üppigen Städten
belebt, jetzt nur von ärmlichen griechischen Bauern
oder Hirten bewohnt. Oben neben der Kirchen-
dachung ist ein geräumiges, die neue Kislà über-
schauendes Söllerdach. Dem Kloster gegenüber liegt
jenseits der Gasse ein kleines Pomeranzengärtchen,
wo die schönsten und schmackhaftesten Orangen
wachsen, von denen die Mönche dem Pascha viele
Körbe senden. Auch uns beschenkten damit die
guten Leute reichlich. Daneben stehen mehrere den
Mönchen gehörige Miethhäuser, die aber zur Zeit
unserer Anwesenheit sämmtlich leer waren.

VI

Oeffentliche Bauten. Bäder. Khans. Bazars.

Unter den öffentlichen Baulichkeiten müssen wir vor Allem des Serai gedenken. Es ist dies ein weitläufiges Gebäude mit rohem Aeussern, welches mit einer Front in stumpfem Winkel auf einen Platz stösst, wo drei grosse Platanen stehen und mehrere grosse Kaffeehäuser sich befinden. Ein Thor mit einem hässlichen Markuslöwen, zu dessen Linken ein Grabmal und eine Palme zu sehen ist, führt durch einen von Spitzbögen getragenen Durchgang in den breiten Hof, der ein unregelmässiges Viereck bildet. Auf der innern Seite ist oberhalb dieses Thordurchganges ein Spitzbogenfenster, dessen Giebelfeld in mehrere Kielbogenfelder getheilt ist; darunter ein Heiliger mit beschädigtem Mantel und zwei ein schräg gestelltes Wappen tragende Löwen. In diesem Wappen sind nur noch zwei Löwen zu sehen, die anderen Felder sind unkenntlich. Ein segnender Christus, der neben dem Thore steht, wurde bei der Venetianersäule

ausgegraben. Der Hof ist mit rohen Hallen versehen,
die theils von Spitzbögen, theils von geraden runden
Säulen getragen werden, oben sind Holzgänge. Im
Grunde des Hofes steht ein von drei Kielbögen
gebildeter Brunnen. Links ist die Treppe zu einer
Plattform und das Schuldnergefängniss, rechts unten
der zu den oberen Gängen und zur Wohnung des
Gouverneurs führende Aufgang.

Als wir den Gouverneur besuchten, führte uns
aus den Gängen eine Tuchthür in ein Vorzimmer,
wo einige Soldaten theils ausgestreckt lagen, theils
nach türkischer Sitte sassen. Der Drogman, ein ält-
licher bärtiger Mann und Katholik aus Tripoli di
Soria, der fliessend italienisch sprach, liess uns ins
Empfangszimmer eintreten. Dieses, ein türkischer
Vorbau im alten venetianischen Gebäude, liegt gegen
den vernachlässigten Serai-Garten. Die Decke zeigte
grüne, neutürkische, geschmacklose Verzierungen, der
Boden war mit feinen Matten belegt und mit dem
Rücken gegen das Fenster gekehrt standen zwei rothe
lederne Fauteuils, auf welche mich der Drogman um
jeden Preis niedersetzen lassen wollte; ich zog es
jedoch vor, mich etwas im Zimmer umzusehen und
mich an dem Anblick zu ergötzen, den mir die
Aussicht auf die vielen grossen süssen Cedern, wie
sie in den hiesigen Gärten cultivirt werden, und auf
die rosige Gebirgskette gewährte. Nach einer Weile
kam der Pascha, ein Mann von mittleren Jahren, in

einen Pelzkaftan gehüllt. Mehemed Veiss stammt
aus Konstantinopel, ist ein echter Türke von altem
Schlag, voll Freundlichkeit, spricht aber nur türkisch.
Er hiess mich auf einem der rothen Lehnstühle Platz
zu nehmen, während er sich auf den anderen niederliess.
Die Conversation wurde mittelst Dolmetscher in italienischer Sprache geführt und betraf zumeist die
Verhältnisse der Insel. Als ich um die Erlaubniss
bat, die Gefängnisse und andere öffentliche Anstalten
besuchen zu dürfen, sagte er lächelnd: „Sie werden
hier nur Schlechtes finden, aber ich weiss, dass es
Aufgabe der Reisenden ist, auch das Schlechte zu
sehen". Er sprach mir von seinen Gouverneurstellen
in Beyruth, Bagdad und anderen Plätzen. Nach
dem Kaffee verabschiedeten wir uns herzlich; gegen
Abend schickte er mir nebst seiner Photographiekarte
die von mir in seinen Gemächern bewunderten Cedern
und frische Datteln. Vor meiner Abreise kam er
eines Abends zu mir, begleitet von einigen mit Lampen
versehenen Soldaten, um mir seine Dienste anzutragen
und mir überhaupt alle nur möglichen Anerbietungen
zu machen, wie es die türkische Höflichkeit mit sich
bringt. Mehemed Veiss ist, wiewohl er zur Zeit
meiner Anwesenheit erst vier Monate das Amt im
Lande versah, selbst bei den Griechen eine geachtete
und beliebte Persönlichkeit. Auch sein Vorgänger, der
Gouverneur Said Paschä. erfreute sich allgemeiner
Hochachtung.

7

An den Serai angebaut, oder besser gesagt ein Theil desselben sind die Gefängnisse, welche als Centralgefängniss für die türkischen Besitzungen in Asien dienen. Die Gefangenen, etwa drei Hundert an der Zahl, sind meistens Auswärtige. Die Gefängnisse ziehen sich um zwei Hofräume hin, sind ebenerdig, aber ziemlich luftig; ein Holzgitter und eine Thür sperren den Eingang derselben; sie werden von Spitzbögen getragen und haben längs der Wände und in der Mitte einen erhöhten Platz, wo die Gefangenen sitzen können. Die Christen, deren es da ziemlich viele gibt, sind abgesondert; bei meinem Besuche empfingen sie mich mit einer italienischen Ansprache, in der sie ihre Beschwerden vortrugen. Neben dem Zimmer des Capitäns der Gefängnisse, eines strammen Negers, befindet sich ein kleines Marodenzimmer mit einem Vorhang vor der Thür. Die Gefangenen tragen eine Kette am rechten Fuss, die von einem am Gürtel angebrachten Haken herabhängt; wegen geringerer Verbrechen Verurtheilte haben nur einen Ring am Knöchel. Als Strafverschärfung bei schlechtem Benehmen erhalten sie Ketten an beiden Füssen und eine um den Gürtel. Die Gefangenen bekommen nur 300 Drammi Brod täglich, und zwar immer gleich, dann Kleidung und Seife. Jedes Gefängniss hat täglich eine Stunde frei, wo die Gefangenen desselben im Hofe spazieren gehen können; sonst machen sie Tabaksbörsen und andere Sachen, und werden auch zu öffentlichen Arbeiten in der Stadt verwendet.

Unweit vom Serai ist das Telegraphenamt; der
seit etwa einem Jahre bestehende Kabel wurde von
einer englischen Gesellschaft auf Rechnung der Regierung gelegt und geht vom Pallura am Kap
Karpathi nach Ladakie auf der Festlandsküste.
Daneben ist die Wohnung des Kadi mit einem
grossen Citronengarten und Beleuchtungsbäumen ober
und an den Seiten der Thür. Nicht weit davon steht
ein kleines Militär-Spital.

Der erzbischöfliche Palast, in dessen Hofraum.
der von einem Gärtchen und von Lehmhäusern flankirt
ist und zu dem man durch eine niedrige Halle gelangt.
sich die Kirche erhebt, deren wir bereits gedacht
haben. ist ein unregelmässiger Bau mit luftigen Hallen,
welche theils hölzerne, theils steinerne Pfeiler aufweisen
und mit einem hölzernen Geländer versehen sind.
Das Innere ist einfach, aber ziemlich geräumig, da
der Erzbischof ein Gefolge von fünfzig Personen,
darunter zwanzig Geistliche, unterhält. Ueber meinen
Besuch bei den Mavkaristatos finde ich in meinem
Tagebuch folgende Aufzeichnung:

Als ich die Kirche des erzbischöflichen Palastes
besuchen wollte und in deren Nähe kam, hörte ich
laute Gebete darin ertönen. Ich trat ein; einige
Gläubigen sassen auf den ringsum aufgestellten Stühlen.
während linker Hand ein paar Popen und ein junger
Knabe auf einem perlmuttergezierten Pulte Gesänge
ablasen. Zur Rechten sassen einige andere Popen.

darunter einer mit einem Teppich unter den Füssen
neben dem Bischofsstuhl. Als ich heraustrat, sagte
mir mein Begleiter, dies sei der Erzbischof gewesen.
Ich trat nun wieder ein und verweilte einige Augen-
blicke, um ihn zu betrachten. Als ich dann die Kirche
abermals verliess, folgte mir ein Pope nach und meldete,
der Erzbischof habe ihn beauftragt, uns den Palast
zu zeigen. Wir folgten der freundlichen Einladung
und besahen vorerst die äusseren Gänge. Die Sache
schien jedoch früher abgekartet gewesen zu sein,
denn als wir zu den Gemächern schreiten wollten,
ging schon der Erzbischof, von zahlreichen Popen
gefolgt, die Treppe hinauf. Wie ich nun unserem
Popen sagte, ich wolle Seine Excellenz nicht stören,
erwiederte er: „Im Gegentheil" und schon waren
andere Popen bemüssigt, uns eintreten zu lassen.
Durch einen schlichten Vorsaal kamen wir in ein
Zimmer, wo sich der Erzbischof befand; er sass auf
einem mit türkischen Teppichen überzogenen Diwan,
auf welchem er auch mich nach freundlicher Begrüssung
Platz nehmen liess. Er ist ein Mann von mittleren
Jahren mit einem ziemlich langen schwarzen Bart
und hat seine Studien in Athen gemacht. Die Con-
versation wurde mittelst eines Dolmetschers geführt.
Anwesend waren noch ein Grieche, Beamter beim
Gouverneur, und der Bischof von Larnaka. Das
Gespräch betraf zumeist die geistlichen Verhältnisse
der Insel, während inzwischen das unvermeidliche

Dolce und vorzüglicher Kaffee in türkischen Schalen
servirt wurden. Als er mir bedeutete, dass Monate
dazu erforderlich wären, um die wichtigsten Punkte
der Insel zu besuchen, und ich darauf erwiederte,
dass ich es mir für ein anderesmal aufsparen wolle,
sagte er, er wünsche, dass ich wohlbehalten nach
Hause zurückkehren und mich einer solchen Gesundheit
erfreuen möge, um Cypern bald wieder besuchen und
in ihrer Mitte lange verweilen zu können. Dann fügte
er hinzu, er werde mich noch besuchen, was ich
jedoch, meine ganze orientalische Beredtsamkeit zu
Hilfe nehmend, dankend ablehnte. Mit einem herz-
lichen Händedruck verliess ich den Erzbischof; mein
griechischer Begleiter küsste ihm respectvollst die
Hand. Mehrere Popen führten mich nun zu den
übrigen Gemächern. Vorerst gelangten wir über ein
Gässchen zu einem neuen Tract, wo ein türkischer
moderner Empfangssaal sich befindet, der eine schöne
Aussicht in den Garten gewährt. Sehr schlicht ist
das mit ein paar Spitzbögen, welche die Decke halten,
und mit einer ganz kleinen Alkove versehene Schlaf-
zimmer des Erzbischofs. Von einer Terrasse des
Palastes blickt man auf beide dazu gehörigen Gärten
mit den rosigen Bergen im Hintergrund. In einem
kleinen Gemach, das auf die Geländerhallen oberhalb
der Stallungen, wo viele Maulthiere stehen, stösst,
werden eine kleine Bibliothek und die Bischofs-
kleinodien aufbewahrt: der neue Reichsapfel mit

Brillanten, Rubinen und Smaragden ausgelegt, der alte
ciselirte, viel schönere, mit Smaragden und Granaten
besetzt, welche bei den Functionen als Knopf eines
Stabes getragen werden, dann eine schwerfällige, mit
Perlen, Smaragden und Rubinen geschmückte Krone
und ein Empirestuhl, den der Erzbischof bei grossen
Festlichkeiten gebraucht.

Wie mir der Erzbischof erzählte, gab es damals
in Levkosia 300 Knaben, die sich für den Priester-
stand heranbildeten, und 50 Seminaristen. Sonst hat
man nur Schulen für Gymnasialstudien, wo auch ein
Jahr hindurch Homer studirt wird. Die jungen Griechen,
welche sich weiter ausbilden wollen, gehen nach Athen,
was auch alle hiesigen Lehrer thun. Die Hauptschule
steht dem erzbischöflichen Palaste gegenüber. Neben
der griechischen Baumwollreinigungsfabrik ist die
Schule für Mädchen (Partenagoyo), wo 135 kleine
Mädchen Elementarunterricht bis zu einer Classe des
oberen (Plutarcus etc.) erhalten. Es ist dies ein grosser
lichter Saal mit giebelförmiger Holzdachung und einer
kleinen, von vier Spitzbögen gebildeten Vorhalle; links
ist noch eine Halle.

Die Türken haben hinter Ayia Sophia einen
Medressé mit einem Orangen- und Obstgärtchen.
In einer von zwei Gassen gebildeten Ecke steht ein
kleiner Kuppelbau mit einer Spitzbogenhalle, in dessen
innerem, mit zahlreichen Koransprüchen ausgestattetem
Raume sich die Knaben den Ilmstudien widmen.

Auch gibt es da eine kleine Bibliothek, die viele vom Sultan geschenkte Bücher enthält. Ausserdem findet man in Levkosia noch mehrere kleinere Medressés und Mektéb.

Bäder gibt es in Levkosia im Ganzen acht; dieselben sind nach gewöhnlicher türkischer Art eingerichtet und weisen kleine Badekammern mit den bekannten Glaslucken in der Wölbung, marmorne Pflasterung und ein achteckiges Wasserbecken in der Mitte des Hauptzimmers (Djéamekeann) auf. Die Vormittagsstunden sind stets für Männer bestimmt, die Nachmittagsstunden hingegen zumeist für Frauen, und zwar Montag und Donnerstag für Türkinnen, Dienstag und Samstag für Griechinnen. Diese Einrichtung haben alle Bäder gemein, nur ein einziges kleines macht hievon eine Ausnahme, indem es ausschliesslich nur für Männer bestimmt ist. Will Jemand für sich allein oder für eine ganze Familie ein Bad nehmen, so muss er es den Abend vorher dem Bademeister melden.

Zwei Bäder gehören der Regierung an, die übrigen Privaten. Unter den ersteren ist vor Allem Bejuk Hamam (das grosse Bad) zu erwähnen. Es steht neben Iplik Bazar Djami si, ist ein steinerner Bau mit einem alten Rundbogenthor, zu dem einige Stufen hinabführen, und wird auf der Seite durch zwei Pfeiler unterstützt. Dieses Gebäude war ursprünglich gewiss einem anderen Zwecke gewidmet. Das Hauptzimmer weist eine von zwei Spitzbögen getragene Flechtwerkdecke, ein achteckiges Becken und ringsum Diwans auf. Daneben befinden sich zwei kleinere Gemächer und ein grosses hübsches Kuppelzimmer mit vier Nischen mit frischem Wasser, eine marmorne Sitzbank in der Mitte und kleine Nebenkammern in den Ecken, wo auch Glasglocken mit einem Knopfe am Ende zur Beleuchtung angebracht sind. Man zahlt da zwei Lire monatlich. Das andere, der Regierung gehörende Bad, Emerghé Hamam genannt, war im vorigen December schon seit fünf Monaten nicht mehr im Gebrauch.

Von den Privatbädern sei hier nur erwähnt der Emir Hamam, der neben Laleli Djami si und einem Hause steht, das mit sehr schlanken Bögen versehen ist und einem reichen Türken gehört, welches gleichfalls zwei die spitzige Dachung tragende Bögen und vier kleine Badekammern hat, und der Yegni Hamam neben Yegni Djami si. Letzteres, einem Kandioten gehörig, der wegen eines im Streite begangenen Mordes fünfzehn Jahre in den Kerkern Levkosia's zubrachte, ist ziemlich gross. Es hat ein Hauptzimmer mit einer von vier flachen Spitzbögen getragenen Dachung, das mit einem grossen achteckigen Bassin und Diwans ringsum ausgestattet ist. Rückwärts ist ein vergitterter Raum für vornehmere Personen, sowie für Bräute vor der Hochzeit und ein Badesaal mit Nebenkammern.

Als Versammlungsort dient den Griechen ein kleines Circolo in der Tripiotis-Gasse, wo einige

Zeitungen aufliegen (von denen aber keine auf Cypern gedruckt wird). Die Türken und theilweise auch die Griechen benützen dazu die Bazars, auf die wir später zurückkommen werden, und die Kaffeehäuser. In diesen letzteren sind erhöhte, mit Teppichen belegte Bänke angebracht, von denen einige schön geschnitzte Lehnen haben. Auch die Thüren pflegen mit hübscher, wenn auch roher Schnitzarbeit verziert zu sein.

Von Gasthäusern hat Levkosia nur ein einziges, die Locanda della Speranza, eine idyllische Zufluchtsstätte für Pilger und Maler; es ist in ein Gärtchen hineingebaut und gehört einem gutmüthigen fröhlichen Griechen Yorgios Christodulo.

Der Khans gibt es fünf: Bejuk Khan, Kumarigillar Khan (Hazardspiel Khan), Tuchar bashi Khan, Pasmagilar Khan und Ali Effendi Khan. Die drei erstgenannten sind die grössten, vor Allen der Bejuk Khan, der auf der Front eine von 11 Spitzbögen gebildete Halle, deren mittlerer Bogen höher wie die anderen ist, und einen Hof mit sieben Bögen auf jeder Seite und zweierlei zu den oberen Hallen führende äussere Treppen aufweist. In der Mitte ist eine Quelle.

Das Centrum des Verkehrs bilden in Levkosia wie in jeder andern türkischen Stadt die Bazars; sie ziehen sich hauptsächlich in der Richtung vom Famagosta- zum Paphos-Thor hin und schneiden auf diese Weise die Stadt so ziemlich in der Mitte. Die

8

Läden an den Seiten können nach türkischer Sitte mit Thüren zum Hinaufheben oder Hinaufschieben verschlossen werden. Hin und wieder trifft man in den Bazars kleine Brunnen mit hölzerner Schöpfwinde und einem Trog daneben zum Viehtränken, häufig von einem riesigen Rebenstock umschattet, oder auch grosse Thonkrüge, wo ein Jeder mit einem dort stehenden Töpfchen Wasser trinken kann, so dass diese Einrichtungen den Dienst von öffentlichen Quellen vertreten. Die Bazare Levkosia's sind meistens offen, lediglich mit Matten und Leinwandfetzen gedeckt, blos vier und ein halbes sind ganz geschlossen. Man zählt deren 23 und zwar die Bazare für:

1. Manufacturen,
2. Schneider,
3. Cidi, Decken, Häute,
4. europäische Schuster,
5. Schuster,
6. türkische Schuhe,
7. Garne,
8. Tischler,
9. Wagen,
10. Kupferwaaren,
11. Silberwaaren,
12. Eisenarbeiten,
13. Thonwaaren,
14. Krämer,
15. Tavernen.

16. Grünzeug und Fleisch,
17. Fische,
18. Halavá,
19. Frauen,
20. Baumwolle,
21. Mehl,
22. Weizen und Gerste,
23. Maulthiere,

unter welchen es auch solche gibt, wo nur an
Freitagen, welcher Tag der Markttag ist, Denreen
feilgeboten werden. Die letztgenannten fünf Bazars
stehen an besonderen Plätzen, die wir später besprechen
werden; die übrigen bilden ein verzwicktes und durch-
kreuztes Ganze, wo es schwer fällt sich hineinzufinden,
wir wollen jedoch versuchen, eine Wanderung zwischen
denselben vorzunehmen.

Der breiteste und der grösste ist der Manufacturen-
Bazar, welcher mit einem Giebeldache, in dessen Mitte
Lucken zur Beleuchtung durchbrochen sind, bedeckt
ist. Es werden darin mit Ausnahme einiger auf
Cypern verfertigten Seidenstoffe durchwegs auslän-
dische Manufacturen verkauft. Neben diesem Bazar
steht ein kleiner, theilweise mit Rebendächern ein-
gedeckter, wo Bauernstiefeln verfertigt werden. Davor
ist der kleine Tischler-Bazar und dann das Haus des
Präsidenten von Yikko, welchen gegenüber sich der
Bazar von Yikko mit einem Kreuze und der Jahres-
zahl 1866 befindet. Dieser grosse neue Bazar hat

eine mittelst Spitzbögen, welche auf Kämpfer-Consolen ruhen, getragene Dachung, in der Lucken zur Beleuchtung angebracht sind, und wird meist von grösseren Händlern und Schreibern benützt. Auf der anderen Seite steht der Ducks Basi Bazar, wo das Gemeindeamt ist, dann andere halbgedeckte bis zu jenen der griechischen Schneider, von denen einige schon mit Nähmaschinen arbeiten. Daran stösst dann weiter der Bazar für europäische Schuhe, mit Giebeldachung und Lichtlucken.

Geht man aus dem Manufacturen-Bazar weiter gegen das Paphos-Thor zu, so gelangt man in den Bazar Makri (Langer Bazar), wo man anfangs rumelische Fischermäntel, ein paar griechische Schneider, dann aber auch Blech- und Kupferschmiede trifft, nach welchen letzteren der Bazar seinen Namen führt. Vorstehende Dächer, hie und da Pfahlrohrmatten, bieten hier den einzigen Schutz. Dann kommt man in den Cidi-Bazar, wo rechts und links Leute, meistens Türken, an dieser Manufactur arbeiten. An denselben schliesst sich dann der Bazar Jai an, wo man ebenfalls Cidi und Decken verfertigt. Ein Bischen weiter sind die Lederhandlungen, wo auch das Leder gereinigt wird. Rechts ist ein grosses Kaffeehaus mit hübsch geschnitzten hölzernen Thürpfosten, in dieser Hinsicht das beste in Levkosia. Diese Bazarstrasse hat an ihrem Ende einen Comestiblen-Bazar, Holz, Marmorplatten und Kübel aus weissem Stein, die man in

Asieno verfertigt, und hört bei der kleinen Moschee
von Mehemmed Seid Djami auf, wo sich noch
einige Färber befinden. Am Anfange des Cidi-
Bazars kommt man in einen kleinen Stiefel- und
Leder-Bazar, der sich dann in zwei Flügel abzweigt,
in den linken, wo Medicamente, und den rechten,
wo Comestiblen verkauft werden. Dann kommen
Verfertiger von durchnähten Bettdecken und der Bazar
der türkischen Schuhe, der sich fast bis zur Ayia
Sophia hinzieht. Verfolgt man diese Richtung
weiter, so gelangt man zu den gegenüber vom Baptisterium gelegenen Silberarbeitern und dann an ein
paar Waffenläden.

Hält man vom Manufacturen-Bazar aus, von
welchem wir Anfangs ausgegangen waren, die um-
gekehrte Richtung ein, so kommt man zu dem grossen
Comestiblen-Bazar. Hier sieht man Cedern, Brod, Ko-
lokasias, Topinambours, Carotten, lange Radieschen,
Rüben, trockene Trauben, Datteln, Kastanien, Hasel-
nüsse, grosse Mandeln, Bäckereien, Opiumsamen zum
Einschläfern der Kinder, Leinsamen, Hülsenfrüchte und
Gemüse aller Art, Seife aus Larnaka oder von auswärts. Harz aus Pinien für Fässer, wovon aber die
Türken auch kleine Stücke kauen — Alles lediglich von
Leinwandfetzen, zerstörten Matten und vortretenden
Dächern geschützt. Daneben Tabakhändler, die den
feinen Tabak mit dem scharfen Messer an der huf-
eisenförmigen Platte schneiden. Gegen das Ende des

Bazars gegen Tahta Calà zu findet man Stühle
für Kinder, Joche, Wagen, Sattler und Gasthäuser.
Hier ist auch der Halavà-Bazar, wo ausser den vielen
Halavà-Läden einzelne aus Caramanien kommende
Pelzwaaren und auffallend kleine Fuchs- und Hasen-
felle, von der Insel selbst stammend, zu sehen sind.
Interessant ist die Halavà-Bereitung, die man dort
auf Schritt und Tritt zu beobachten Gelegenheit hat.
Man gebraucht hiezu einen von unten erwärmten
kupfernen Kessel und rührt darin den Halavà-Teig
mit einem Löffel, der in einen Ring an einem von
der Dachung herabhängenden Stricke hineingesteckt
wird. Der Teig besteht aus trockenem Traubensyrup
und Risa de Halavà mit Sesamöl. Dies Alles wird
vorher mit den Händen in einem Kessel eine Stunde
lang gemischt, dann lässt man es in einer seichten
Pfanne ruhen und nach einer Stunde ist es fertig.
In 5—7 Stunden geht die ganze Operation vor sich.
Ein kleiner Fleischer-Bazar setzt den grossen comestiblen Bazar in Verbindung mit dem Gasthäuser-Bazar,
welcher mit einem von einem Oelbaum beschatteten
Grabe beginnt. Türkische Löffel zum Pilaff, Sou-
pieren-Services und etwas weiter die Wachszieher
bringen hier eine Abwechslung.

In allen diesen Bazars sieht man in den Vormittagsstunden mehr oder minder die bunteste Menge
hin und her strömen: farbig gekleidete Bauern, ver-
mummte türkische Frauen, grossäugige Knaben; hier

wandernde Salep-Verkäufer (Thee, der im Winter
des Morgens getrunken wird), dort umherschwärmende
Oel-, Salz- und Wasserverkäufer; weiter Bäcker, welche
in ausgehöhlten Brettern Schwarzbrod transportiren,
und wandernde Bäckereiverkäufer, dann Menschen,
welche so manchen besseren Fleischbissen anbieten
und denselben an einen Feinschmecker anbringen
wollen, dazu die verschiedenste Scenerie als Hintergrund und die fast unbeweglichen Gruppen der sess-
haften Händler. Hie und da weht von einem Stab
herab ein weisses Tuch, das charakteristische Aus-
hängeschild der Barbiere, welche meistens Griechen
sind, Türken sind dagegen die Kafedjis, die
nachlässig auf den Bänken ihrer Butik, der Gäste
harrend, herumlungern. Vor dem einen oder anderen
Laden hängen Turteltauben und Steinhühner in runden
Käfigen herab, während auf dem Pflaster abatardirte
türkische Strassenhunde herumschleichen, namentlich
Abends, wo sie die menschenleeren Bazars zu ihrem
Tummelplatz wählen und sich mit den herausgewor-
fenen Ueberresten wohl wenig luxuriösen Orgien hin-
geben. Da hört man nur das Knurren derselben, wenn
sie sich das schmutzige Festin streitig machen oder
dann und wann das Gekrächze der Dohlen, welche auf
den hohen Bäumen oder den Minarets ihre rauhe
Stimme ertönen lassen. Sonst herrscht überall die
grösste Stille, nur manchmal sieht man gespensterhaft
eine weissgekleidete Frau oder einen Mann mit der

Lampe in der Hand dahinschleichen, dann folgt wieder finstere einsame Nacht, in der nur an mancher Ecke oder vor einer Moschee eine von einem Strick herabhängende Ampel ein blasses Licht wirft.

Unter den selbstständigen Bazars sei vor Allem des Frauen-Bazars gedacht. Er findet am Freitag statt und es werden darin allerhand Frauenarbeiten feilgeboten. Die Verkäuferinnen, von denen namentlich die Griechinnen im Reden gewandt sind, stellen ihre Waare in der Nähe der Hauptbazare auf die Erde vor sich hin. Man sieht da weisse Baumwollstösse, dann Baumwollgarne, einige in Strähne, andere in Haspeln gewunden; in Levkosia gesponnene Seidengarne, Alatjiá, Burundjik, weisse Panni, fremde Kattuns, auch ganze Hemden von gekräuselter Seide für Türken und Frauen; Rohseidenstoffe als Zostra (Binde für die Griechinnen), manche auch mit Baumwolle gemischt, Taschentücher, dann solche aus dünner Leinwand, Chervé für die Türkinnen mit garstigen rohen, goldgestickten Blumen in den Ecken, namentlich bei türkischen Hochzeiten gebräuchlich; Skufomata (Stirnband zum Festhalten des Fez), Spitzen aus Baumwolle und Seide, darunter manche schwarzweiss buntfarbige Spitzen zum Zieren der Kopftücher, Silberflitterspitzen, die man für die Sacktücher verwendet, falsche Blumen aus Gaze; kleine Kinderhüte und Fezhauben aus fremdem Stoff; abenteuerliche Zeichnungen für Kopftücher, mit der Hand gestrickte

Baumwollsocken, gestrickte Geldbeutel, das Stück zu einem Piaster, gestrickte Tabakbörsen, manche gefärbt, andere aus fremder Seide, zuweilen mit Gold, aber geschmacklos gestickt; fremde Glasarmbänder; Halsschnüre aus Glasperlen; fremde Merceria. Ausserdem sieht man auch Thonwaaren, rohe Krüge, türkische Tambulek, Krüge mit spitzigem Ausgussrohr und andere schlanke zweihenklige; dann Drageen, Zuckerwerk (Rahatlukum) und Mandeln, Verkäufer phantastischer Vögel und Männchen aus buntem Zuckerwerk; Pastelli, gelbliche Süssigkeit aus Johannisbrodhonig, dann Mersinokoka, Tremiskia (Beeren), die mit Brod gegessen werden; Obst, Kichern, Kastanien, Orangen, Datteln und Seife.

Auf dem Plätzchen neben Iplik Bazar Djami si wird die Baumwolle, daher der Name, und zwar fast durchwegs von türkischen Frauen verkauft. Etwas weiter von hier ist eine Gasse, Sokkagi tu Klymatu genannt, die durch einen mehr als schenkeldicken Rebenstock, der ein weites Dach bildet, beschattet wird.

Vor dem Kumarigillar Khan steht ein Gebäude, worin Gerste und anderes Getreide zu Markte gebracht wird. Die Gerste wird in Säcken feilgeboten. Daneben sind verschiedene Küchen. Es schliesst sich der Gasse des Bejuk Khan an.

In der Spitzbogenhalle vor dem Baptisterium ist der Mehlmarkt, für welchen namentlich die Mühlen von Kytrea das Mehl liefern, und zwar vorwiegend Weizenmehl, nebstdem wird dort aber auch etwas Gerstenmehl feilgeboten. Das Mehl wird mit einer kleinen Handwage pr. Oka abgewogen, dann verkauft und damit die kleinen Mehlproviantsäcke der Bauern gefüllt. Die Controle für grössere Gewichtsmengen besorgt ein von der Regierung bestellter Mann, der die Säcke abwiegt und den man am Marktplatze, den Wagstab auf der Schulter, gravitätisch einherschreiten sieht.

Am Platze vor der Serai Djami ist der Vieh-Bazar, wo am Freitag Pferde, viele Esel und Maulthiere verkauft werden, von welchen letzteren einige, aus Paphos kommende, ganz klein sind. Meistens trifft man da nur gemeines Rindvieh, wovon einiges hochbeinig und mit erhöhtem Rücken.

VII

Das Volk. Sitten. Unterhaltungen. Behörden.

Die Bevölkerung Levkosia's reicht an zwanzig Tausend, was jedoch schwer zu bestimmen ist, nachdem die Frauen nicht gezählt werden. Die Einwohner sind in ihrer Mehrzahl Türken, wiewohl ihnen die Griechen fast gleichkommen dürften, dann eine kleine Anzahl Armenier. Katholiken gibt es blos 80—90; Juden gar keine.

Die Türken Levkosia's haben häufig nach oben gewendete Brauen, einen breitgeschlitzten Mund, nicht selten grosse, kastanienbraune, langwimperige Augen, und die Haare nach türkischer Sitte geschoren. Sie tragen meistens ein meergrünes Hemd, das sie sehr schön kleidet, und kennzeichnen sich stets durch ihre weisse Hosen und bunte Farben der Kleider. Die Frauen tragen beim Ausgehen stets blendend weisse Oberkleider, darunter sind sie aber luxuriös, häufig in Seide angezogen. Die Armenierinnen kleiden sich in gleicher Weise, die Armenier alla franca.

9*

Die Griechen sind hübsche Leute, haben aber zumeist eine zu grosse Nase. Sie tragen lange Pumphosen, die rückwärts häufig im Gürtel aufgehängt werden, und ziehen meist nur Strümpfe, im Winter aber auch Stiefeln an. Die Frauen tragen fast alle den Fez, der von einem Stirnband, Skufomata genannt, festgehalten wird, und darüber ein Tuch, manche aber nur Letzteres. Wenn sie grau werden, pflegen sie ihre Haare mit Schenna roth zu färben, wie es die Türkinnen mit den Nägeln thun. Das Färbemittel wird Abends aufgelegt und in der Früh ist das Haar schon ganz roth. Den Kindern werden die Augenränder und die Augenbrauen mit dem sogenannten Holla mavri schwarz gefärbt, und zwar sowohl bei den Türken wie bei den Griechen, bei den Ersteren jedoch häufiger.

Die Sprache der Türken auf Cypern ist sehr rein, es soll nach jenem von Konstantinopel das beste Türkisch sein. Das Griechische der Cyprioten ist dagegen ein Dialekt, der mit einer Menge italienischer Wörter, wie z. B. Petra, Porta, Tavola, Bunazza u. a. m. und auch vielen türkischen vermischt ist. Die türkische Sprache ist in Levkosia sehr verbreitet; Männer, die sie nicht sprechen könnten, findet man sehr selten, dagegen gibt es aber Viele, die nur türkisch kennen; auch viele griechische Frauen sind ihrer vollkommen mächtig. Zu erwähnen ist auch die sehr verbreitete Sitte, nach welcher Griechen und

Türken, anstatt „nein" zu sagen, einfach den Kopf stille heben.

Grosse Reichthümer haben die Bewohner Levkosia's nicht, man schätzt schon einen Türken sehr reich, wenn er 400.000 Piaster hat. Die Türken, bisweilen auch Türkinnen, bedienen jetzt auch die Griechen; andererseits treten manche Griechinnen zum Islam über und heiraten Türken. Eunuchen halten die hiesigen Türken keine, nur zwei oder drei Knaben als Diener und eine oder zwei Negerinnen als Sclavinnen, letztere kommen über Cerinja, da man sich wegen der Consuln fürchtet, sie über Larnaka zu führen und werden deswegen auch immer zu Hause gehalten. Männliche Sklaven hat man keine mehr. Die meisten Neger, deren es in Levkosia ziemlich viele gibt, sind Muselmänner, einige bekennen sich aber auch zum griechischen Ritus. Auch trifft man viele mit Türken gekreuzte Mulatten, die sehr stämmige Leute zu sein pflegen.

Mit dem erreichten 18. Jahre werden die Türken Soldaten, früher blieben sie auf der Insel, seit einem Jahre werden sie jedoch weggeführt. Die Christen zahlen zeitlebens 27½ Piaster jährlich vom Tage ihrer Geburt an und sind vom Militärdienste befreit. Es gibt auch Griechen, welche dem Scheine nach Muselmänner sind, man nennt sie Linopambagi (Lein und Baumwolle). Sie möchten gerne Christen werden, müssten dann aber so wie früher Soldaten

sein, nachdem die Regierung den Abfall vom Islam
für nicht gesetzlich hält; deswegen entschliessen sie
sich nicht dazu.

Die meisten Griechen sind der Regierung feindlich
gesinnt, woran namentlich die vielen Steuern Schuld
sind. Als griechisches Schutzzeichen sieht man häufig
den russischen Doppeladler, wiewohl die Griechen von
Russland nichts wissen wollen, namentlich seitdem es
die türkischen Slaven begünstigt. Die nach Jerusalem
wandernden Griechen führen wie die Mekkapilger den
Namen Hadji, der dann bleibend beibehalten wird.
so dass man denselben, wenn man sie rufen will, der
muselmännischen Sitte gemäss dem Eigennamen vor-
ansetzt.

Bei den Griechen und Türken herrscht der Aber-
glaube, dass man bei Vollendung eines Hauses eine
Aloe vom Dache herabhängen oder einen blauen Stein
einsetzen müsse, um sich vor dem bösen Blick zu
verwahren. Die Griechen halten weiter an dem son-
derbaren Aberglauben fest, dass sie um Neujahr ein
Brod mit einem Goldstück backen und es in so
viele Stücke theilen, als es Familienglieder gibt. Der-
jenige, welcher das Goldstück findet, ist dann der
Glückliche. Man nennt dieses Brod Vasilobita
(Basilbrod).

Bei Besuchen pflegt man bei Türken wie bei
Griechen nach morgenländischer Sitte den Dolce mit
Melonen-, Weichsel-, Quitten-, Aprikosen- Mosfila-

(Crataegus-Früchte) und Muscetta-Saft (eine Art Theerose) zu serviren. Mit dem Dolce (türkisch Tatli, griechisch Glikon) werden gewöhnlich auch hübsche, aus Silberdraht verfertigte Körbchen gebracht, um die häufig durchbrochenen Löffelchen hineinzulegen, und zwar auf der einen Seite die reinen, auf der anderen die gebrauchten. Dann kommt der Kaffee, das Zeichen der Entlassung, namentlich bei den Türken; langweilt sich der Hausherr bei dem Besuch, so lässt er einen zweiten Kaffee bringen, ist ihm umgekehrt der Besuch lieb, so lässt er den Kaffee möglichst spät serviren. Nach dem Kaffee werden in der Regel Cigarretten angeboten und zugleich von einem Diener messingene Tellerchen auf die Asche herumgereicht. Bei den Griechen herrscht die eigenthümliche Sitte, dass man es für einen besonderen Höflichkeitsact ansieht, wenn man dem Gaste einen Stuhl vor die Füsse stellt, die er dann auf die unteren Querstäbe gibt, damit er nicht genöthigt sei, sie auf dem kalten Marmorboden zu halten.

Die Türken halten den Feiertag nicht am Freitag, sondern wie die Griechen am Sonntag, so dass es mäuschenstill und leer in den Strassen, ganz todt aber in den Bazars ist, denn nur in den Morgenstunden stehen die Läden offen. Auch die Aemter sind am Sonntag geschlossen. Von 3 Uhr a la turque an, wo das Signal geblasen wird, darf Niemand ohne

Laterne ausgehen, und thut es Jemand trotzdem, so führt man ihn, wenn er ein Fremder ist, nach Hause, wenn er aber ein einheimischer ist, zum Serai, wo er die Nacht zubringen muss.

Zu den beliebtesten Unterhaltungen der Knaben gehört das Pirillí (Kugelchen) und Siccia (Knöchel), die man auf der Muraglia vielfach spielen sieht; Erwachsene lieben vorzugsweise Musik und Tanz.

Das Musiciren ist bei den Türken sehr primitiv. Bei Tambulek- und Mandolinen- (Lauto-) Musik singen ein paar Leute im Masticarausch türkische Melodien, bei denen häufig nur die Arie türkisch, die Worte aber griechisch sind, den Kopf mit Orangenblüten und Obst geschmückt. Während den Pausen wird der thönerne Tambulek, den man mit der linken Hand hält und mit dem rechten und linken Finger schlägt, am Feuer gewärmt, damit das Fell gespannt werde, und im geistigen Getränk neue Begeisterung und Gesangslust gesucht, bis sich das Ganze in dumpfe unarticulirte Laute verliert.

Die Griechen sind feinere Spieler. Die Musik besteht aus einer Mandoline, die nicht selten aus dunklem und lichtem Holz sehr hübsch verfertigt ist, und zwei Violinen. Manchmal ersetzt den Lauto das gleichgeformte aber kleinere Tamburin. Häufig sind die Spieler antik schöne Jünglinge und sitzen da, den einen Fuss kokett über den anderen geschlagen.

die Geige auf dem linken Knie gestützt. Rauschend schlägt der eine, einen hölzernen Stift in der Rechten, auf die bauchige Mandoline, die er auf den rechten Fuss anlehnt und laut erschallen in dem schlichten, mit goldenen Orangen geschmückten Saale die griechischen oder türkischen Lieder und ertönen weithin in der sternenhellen Nacht. Die Musikanten werden regelmässig mit Mastica oder mit perlendem Comandaria regalirt.

Der Tänze kennt man in Levkosia mehrere.

Vor Allem ist bei den Türken ein nur von bezahlten Tänzern (Tschenky) ausgeführter Tanz beliebt. Mit näselnder Stimme singt unter Violinen- und Lauto-Begleitung (die Musikanten sind häufig Griechen) zuerst der Tambulek-Spieler, während der andere Bursche die bronzenen Castagnetten schlägt. Dann folgt lärmender heiterer Klang unter Lauto- und Violinenbegleitung und dann und wann zur Verstärkung des Sanges Lauto- und Castagnetten-begleitung. Der Tänzer, in einen leichten, in der Mitte des Leibes gebundenen Kaftan und lediglich in Strümpfen angezogen, grüsst, dreht sich mit offenen Armen, springt zierlich mit den Füssen, schlägt die Castagnetten, dreht sich herum, schreitet langsam vor und bewegt den Bauch. Nun fangen die bekannten schraubenartigen Drehungen des Körpers an, das Zucken mit den Muskeln, was im gleichen Tact mit dem Klappern der Castagnetten stattfindet. Bisweilen stimmt der Tänzer auch mit in den Gesang. Manchmal tanzen zwei Tänzer; sie begrüssen sich, schwingen die Arme, klappern mit den Castagnetten, rühren die Bäuche, biegen sich ganz nach rückwärts und hüpfen wieder mit den Füssen.

Ein anderer, aber roher Tanz ist der Zeibekrikos. Er wird nur von einer Person getanzt und zwar in gewöhnlicher türkischer Tracht mit dem Handjar in der Binde und auch nur in Strümpfen. Der Tänzer dreht sich herum, hinkt, springt, macht Sätze auf einem Fuss, fällt auf die Knie und streckt die Arme bald seitwärts, bald in die Höhe. Er möchte Alles zertrümmern, haut mit zwei Holzstäben bald vor sich, bald zwischen die Beine, schlägt sich damit unter die Fusssohlen, springt und hüpft, zeigt auf die Seite und schreit dabei nach Kräften.

Die Griechen haben besondere Tänze. Violine und Lauto bilden die Musik, es wird nur musicirt, aber nicht gesungen. Der Palo, den man bei Hochzeiten abhält, ist ein Tanz, wo Mann und Frau einander gegenüber tanzen. Sie hüpfen und halten sich beim Gürtel, halten sich die Kleider, heben den Fuss, klappern mit den Castagnetten, der eine dreht sich, schaut den andern an und dreht sich wieder um.

Sirtosch, wo nur Männer im gewöhnlichen Anzuge tanzen, von denen sich je zwei mit einem Schnupftuch an einander halten. Zwei tanzen, die Anderen gehen nur in der Reihe. Hat der erste getanzt, so stellt er sich hinter den letzten und es folgt der nächste, so dass der Reihe nach Alle zum Tanze kommen. Es ist dies mehr ein Springen und Bücken als ein eigentliches Tanzen zu nennen. Mancher Leser wird sich wohl erinnern, diesen Tanz in den Kaffeehäusern Stambuls Abends häufig gesehen zu haben.

Der zuerst erwähnte Tschenky-Tanz wird gewöhnlich bei türkischen Hochzeiten und Beschneidungen, wobei grosse Festlichkeiten stattfinden, sowohl von Tänzern wie von Tänzerinnen ausgeführt. Die Tänzer haben den Vorzug. Im Zimmer der Braut spielt ein blinder Geiger. Die Hochzeitsunterhaltungen fangen stets am Montag an und hören Donnerstag Abends auf. Die Frau geht vorerst ins Bad. In das dunkle Zimmer, in dem sich die Brautleute aufhalten, kommt der Imam, verrichtet ein Gebet und lässt sie dann allein. Zur Abfassung von Heiratsverträgen werden von den Brautleuten Zeugen beigezogen, vor denen die Frau verhüllt erscheint; der Mann muss eine seinem Vermögen entsprechende Summe erlegen, welche der Frau anheimfällt, falls er sie später verlassen sollte. Hierauf wird die Frau, sowie alle Kleider und andere Sachen der Ausstattung, durch die Gassen festlich spazieren geführt.

Bei den Griechen erfolgt die Taufe erst nach 40—60 Tagen, nachdem die Mutter schon dem Sanctus beigewohnt hat. Der Taufpathe macht der

10*

Mutter ein Geschenk, welches regelmässig in einem Kleide besteht, dessen Werth je nach den Mitteln desselben verschieden ist.

Bei Hochzeiten der Griechen, die erst Cousinen dritter Linie heiraten können, geht der Priester dreimal um den Tisch und wirft auf Kosten der beiden Pathen Baumwollsamen und Münzen in die Luft; die Pathinnen, deren es gleichfalls zwei gibt. haben die Auslagen für den Kranz der Braut zu bestreiten. Den Tag darauf statten die Pathen ihre Visite ab und bringen der Braut zugleich Geschenke, deren viele sie auch von den Eltern und Verwandten erhält.

Bei türkischen Begräbnissen wäscht man zuerst die Leiche im Bade, kleidet sie an, gibt ihr einen Stein und ein Zehnparastück in die Hand und bedeckt sie mit einem Tuch; hierauf wird sie von Männern zur Moschee getragen, wo ein Gebet verrichtet wird, und dann auf den Friedhof gebracht, wo man sie in einem Leintuch beerdigt. Den Tag darauf ziehen die Verwandten das Festgewand an. Bei dieser Gelegenheit werden auch Süssigkeiten aus Honig oder Zucker, Mehl und Butter bereitet, Halavà genannt, welche man nach drei Tagen nebst trockenen Trauben und Dolce an der Moscheenthür allen Vorübergehenden anbietet.

Die Griechen trägt man offen bei Fackelschein und legt sie dann in einen Sarg; Arme sind bisweilen

nicht im Stande, sich einen solchen zu verschaffen.
Die Hausherrn giessen, bevor die Leiche an ihrem
Hause vorbeigetragen wird, ein Glas Wasser auf die
Gasse. Nach drei, neun oder vierzig Tagen, nach
drei, sechs und neun Monaten, nach einem Jahre und
dann alljährlich am Allerseelentag wird ein Kuchen
aus Weizen, Safran, Mandeln, trockenen Trauben
und Pignolen, zu welchen, wenn es Wohlhabende
sind, noch Granatäpfel und Confect hinzukommen,
gebacken, sowie ein mit Sesam belegtes Brod und
eine gelbe Wachskerze dareingesteckt. Die Leiche
wird vorerst in die Kirche getragen, wo eine Messe
gelesen wird, dann bringt man sie zum Grabe; der
Pope spricht ein Gebet und vertheilt den Kuchen
unter die Anwesenden, nachdem er zuerst ein Stück
für sich behalten. Das Brod nimmt er ganz für
sich. Wenn man Geld hat, gibt man jeden Sonntag
eine Kerze auf das Grab. Für den Sohn trägt die
Mutter drei Jahre lang Trauer, ist sie älter, legt sie
dieselbe nie mehr ab; für den Vater und für die
Geschwister wird durch zehn Monate Trauer getragen;
für Vettern vierzig Tage.

Levkosia ist der Sitz des Pascha oder Gouverneurs der Insel, der 3500 Piaster monatlich bezieht,
eines Kaimakham Bey für die Truppen, und eines
griechischen Erzbischofs, der sich in Purpur kleidet,
roth unterschreibt und den Namen Mavkaristatos
(der Allerseligste) führt. Er ist das Oberhaupt der

unabhängigen Kirche von Cypern. Der Präsident des Monasterium von Yikko, des reichsten Klosters der Insel, wohnt auch in Levkosia und ist vom Erzbischof ganz unabhängig. Nebstdem ist da auch ein armenischer Archimandrit. Consularagenten haben in Levkosia blos Griechenland, Oesterreich und Frankreich.

VIII.

Industrie und Handel.

Einen wichtigen Industriezweig bildet die Reinigung der Baumwolle. Eine derartige Fabrik mit 17 Tischen und einer 17 pferdigen Maschine befindet sich neben der Kirche von Ayios Jakovos und gehört dem Engländer Mr. Samuel Perkes, der mir aber gelegenheitlich erzählte, er mache keine guten Geschäfte. Eine zweite steht bei Phaneromeni, ist das Eigenthum eines Griechen und hat 6 Tische von Platt Brothers & Comp. 1871 und eine 12 pferdige Dampfmaschine. Ausserdem gibt es da zum selben Behufe eine Dampfmühle und mehrere Drehmühlen, welche letzteren so eingerichtet sind, dass das Rad des Tisches mittelst eines Riemens mit einem vertikalen Rad zusammenhängt, das von einem horizontalen, mit Holzzähnen versehenen und von einem Maulthier bewegten gedreht wird. Die Baumwolle wird einfach mit den Füssen in Ballen gestampft, die dann

auf Kameelen nach Larnaka geschickt, dort erst
gepresst und mit Eisengurten versehen werden.

Bei Geweben wird der Faden, welcher in Levkosia selbst vielfach auf einem rohen schweren
Spinnrocken gesponnen oder auch fertig gekauft wird.
von einer Weife aus Pfahlrohr, die in ein Stück Lehm
oder Stein gesteckt ist, auf Pfahlrohrspulen gewickelt.
Hiebei steckt man die Spuhröhrchen in eine eiserne
Spindel, welche mit Hilfe einer mit einem hölzernen
Griff zu drehenden Haspentrommel (welche bisweilen
nur zwei Seitenwände hat, die an einander mit Spagat
gebunden werden) und über die um die Spindel ein
Faden gespannt ist, gedreht wird. Bei der Baum-
wollstoff- (Kattun) Erzeugung wird der Faden von
mehreren Farben dadurch gemischt, dass man ihn
mittelst einer mit 30 Pfahlrohrspulen versehenen Maschine mit oberem Griff und 15 Stäbchen, durch
welche und zwischen welche der Faden kömmt, auf
Palmenwedelnstäbe, die im Boden festhaften, abwindet.
Wenn nur wenig Faden zu mischen ist, dann braucht
man nicht die ganze Maschine, sondern steckt nur
Pflöcke im Zickzack in die Lehmwand und eine
Frau mischt dann den Faden mit der Hand, indem
sie ihn nach einander darauf windet. Dadurch wird
beim Weben am Webstuhl die Arbeit wesentlich
vereinfacht, denn der Faden ist schon gemischt und
kommt hin in einer Tresse, die sich dann in zwei
Theile scheidet, nach unten sich verflacht und durch

zwei Pfahlrohrstäbe getrennt gehalten wird; dann geht
sie durch den Kamm, lässt, indem sich die Faden
kreuzen, einen Raum für das Schiffchen, mit dem man
die regelmässig dunkle Baumwollfüllung hineinsetzt,
und kommt als fertiger Stoff hervor.

Es werden Leingewebe zu Hemden und Lein-
tüchern, Servietten mit Bienenzellenzeichnungen, Panni
aus Baumwolle und gestreifte Alatjià verfertigt. Vielfach wird auch ein recht hübsches, B u r u n d j i k
genanntes leichtes Zeug, halb Seide halb Baumwolle,
gewebt, gewöhnlich mit gelblichem Seidengrunde und
weissen Baumwoll-Längsstreifen.

Auch die Seidenindustrie wird auf Cypern lebhaft
betrieben, und zwar wird sowohl die Gewinnung wie
das Spinnen der Seide von Frauen und Mädchen
sorgfältigst gepflegt. Leider tritt dort seit zehn Jahren
die Raupenkrankheit, namentlich bei anhaltend feuchter
Witterung, verheerend auf. Die Seide wird auf dieselbe
Weise wie die Baumwolle gewebt. Die Kämme aus
Bindfaden sind je nach der Farbe verschieden; die vier
Trittbretter werden ganz einfach in einen Eisenstab
gesteckt, den man gegen zwei im Boden befestigte
Nägel stützt. Bei zwei Farben allein bedient man sich
blos zweier Trittbretter, benützt aber stets vier Bindfadenkämme, nur dass diese zu zweien mit einander
befestigt sind und sich gleichzeitig bewegen. Auf diese
Art werden mancherlei Stoffe verfertigt: Rohseiden-
gewebe für Z o s t r a s, manche von herrlichem Gelb

mit rothen und blauen Querstreifen; ein feiner Kleidungsstoff, Metaxodo genannt, dann sehr dünne Amusia, häufig mit Goldfäden durchwebt, für Frauen und auch als Moustiquaire verwendet, dann quadrillirte Stoffe und Spinato-Sacktücher, wovon manche wirklich sehr schön gewebt sind.

Nebstdem verfertigt man Säcke (Sakiä) aus Wolle, welche am gewöhnlichen Webstuhl gewebt werden, wobei nur zwei Bindfadenkämme und ein sehr grosser Holzkamm zur Anwendung kommen. Häufig sitzt der Mann in einer Bodenvertiefung, um die Trittbretter zu bewegen und so mehr Raum zu gewinnen. Weiter Säcke für die Kameele, aus Ziegenhaar gewebt; wollene Reittaschen (Lisaki), worunter manche sehr hübsche meist in braunen Farben; dann Taari, eine Art Sack zum Tragen vor dem Sattel der Maulthiere, den man dann oben mit etwas Leder überzieht, endlich wollene Socken.

Wolldecken, welche zum Füttern ¡der Maulthiersättel und zu anderen Zwecken dienen, werden vielfach fabricirt und zwar auf folgende Weise: Man legt auf einer Matte die mittelst des gewöhnlichen türkischen Bogens kardätschte Wolle in ein Viereck und benetzt sie mit Hülfe eines kleinen Besens gehörig mit Wasser, das man in einer irdenen Schale in der Hand hält; hierauf legt man eine gleichfalls benetzte fertige Decke um eine hölzerne Walze. Nun rollt man das Ganze zusammen mit Hülfe der Matte, welche aus durch

ein Dutzend Längsbänder an einander befestigten
Querstücken von Sumpfrohr besteht und somit sehr
beweglich ist; wickelt dann die Matte wiederum in
grobe Leinwand und fängt das Walzen an. Dies
geschieht auf dem häufig unebenen Fussboden der
Boutique dadurch, dass zwei Mann abwechselnd mit
dem linken, und am Ende des Zimmers angekommen
und sich umdrehend, mit dem rechten Fuss den Ballen
vor sich hinschieben. Das Walzen dauert eine Stunde,
und ist man damit fertig, so hängt man die neue
abgewickelte Decke an Querstäbe, die durch das
Zimmer angebracht sind. Durch das Hineinlegen von
Stücken schwarzer Wolle in die noch lose Wolle
erzielt man verschiedenartige Dessins und Flecke.
Eine solche Decke wird zu 25 Piaster verkauft.

• Die Frauen machen mit der Nadel aus lauter
Knöpfchen hübsche Seidenspitzen; Schnüre werden
auf einem Polster mit Stäbchen verfertigt. welche die
Mädchen recht gewandt hin und her drehen. Auch
werden in Menge Tabak- und Geldbeutel gestrickt.

Einen sehr ansehnlichen Industriezweig bildet in
Levkosia das Färben der Cidi, weissen englischen
Kattuns, der über Beyruth eingeführt, hier gefärbt
und gedruckt wird. Dies geschieht auf folgende
Weise: Der gefärbte Stoff wird, nachdem er genässt
worden, auf einen dicken Wollfilz gelegt. Die Arbeiter
haben eine Schachtel neben sich, welche die flüssige
Farbe enthält, auf deren Oberfläche ein Tuch liegt,

11*

um zu verhindern, dass sie beim Benetzen der Patrone
nicht zu tief greifen. Die hier verfertigten Patronen
sind aus hartem, meist Nussbaumholz geschnitzt. Die
Arbeiter legen sie sanft auf und schlagen dann den
Holzklotz mit Hilfe eines an der Hand angebrachten
runden Kisschens. So wird der Stoff zuerst auf der
einen, dann auf der anderen Seite bedruckt. Sind
mehrere Farben zu drucken, so legt man Pappendeckel
auf jene Zeichnungen, die durch den neuen Druck
nicht verunstaltet werden sollen. Die Arbeit fällt
aber immer ungenau und roh aus. Nachdem die
Cidis gewaschen wurden, werden sie theils vor dem
Laden selbst unter der Bazarshalle, theils auf der
Muraglia, namentlich beim Paphos-Thor, das
den Fabriken am nächsten liegt, getrocknet. Ein
Theil derselben wird gleich in Levkosia zu durchnähten Bettdecken mit umgeschlagenem rothem Futter
verwendet. Nebstdem gibt es da auch Färber von
Garnen und Stoffen, welche zumeist Indigo verwenden
und es in kleinen Kübeln ausführen.

Die Schuhbereitung erfreut sich eines lebhaften
Aufschwunges, und zwar vom türkischen Schuh und
cyprischem Bauernstiefel bis zu fränkischen Stiefletten.
Auch etwas rohes Leder wird hier bereitet; gegärbt
wird es ausserhalb der Stadt, in der Stadt aber mit
einem hölzernen Hammer gereinigt und geglättet.
Die Lederindustrie wurde hier erst vor zwei Jahren
eingeführt, sonst lässt man das Leder aus Frankreich

oder Syra kommen. Kleine Ledersäcke zum Aufbewahren von allerhand Sachen werden auch verfertigt.
Bunte Sättel nach Art der egyptischen werden vielfach
bereitet; der Stoff für dieselben kommt aus Anatolien,
die Schnurbänder und, wie wir sahen, auch das Futter
werden hier verfertigt.

Die Tischler machen hübsche Kisten aus Pinienholz
mit vertieft geschnitzten Vorderseiten mit Blumen-
töpfen und phantastischen Pflanzen, mit vortretenden
gerieften Füssen. Man richtet Kardendisteln zur Reinigung der Seide vor und fabricirt auch einige Wagen
und Joche. Die Stuhlfabrikanten, welche hauptsächlich
viele Kinderstühle verfertigen, bedienen sich einer
sehr primitiven Drechslerbank, indem der Faden des
Fiedelbogens auf dem gedrechselten Stück selbst läuft,
wodurch zuerst die eine, dann die andere Hälfte
gedrechselt werden muss. Das Stück wird zwischen
zwei eisernen Spitzen gehalten, auf denen eine eiserne
Stange ruht, damit die Arbeiter mit dem Faden des
Fiedelbogens nicht zu tief gehen. Der Fiedelbogen
hat unten einen Griff; wird derselbe mit der Hand
nach rückwärts geschoben, so wird der Faden mehr
oder weniger gespannt. Mit einem Stückchen Holz,
das in Farbe getaucht wird, werden dann die Sachen
gleich auf der Drechslerbank mit farbigen, rothen,
grünen, schwarzen etc. Ringen versehen. Zum Bohren
bedient man sich derselben Werkzeuge, indem an
die eine eiserne Spitze ein Bohrer angesetzt, der

Griff desselben mit dem Fiedelbogen gedreht und das zu bohrende Stück gegen den Fuss gestützt wird.

Auch werden viele Pfahlrohrkörbe mit grosser Gewandtheit verfertigt und zwar häufig neben dem wachsenden Pfahlrohr selbst; zu den Biegungen werden grüne Reiser genommen. Nebstdem werden auch zierliche Körbchen aus grünen Binsen geflochten, in die frischer Käse gelegt wird. Man kann dieselben ein Jahr lang benützen.

In Levkosia wird eine grosse Menge von Rohwachs verarbeitet, welches theils von der Insel selbst, theils von auswärts bezogen wird. Auch wird viel Veilchen-Syrup erzeugt und in drei primitiven Branntweindestillir-Apparaten Branntwein aus frischen und trockenen Trauben, verdorbenem Wein und trockenen Feigen bereitet. Weiter gibt es da ganz primitive Drehmühlen für Lohe aus Caramanien mit verticalem Rade. Die von der Insel selbst stammende Lohe ist minder gut. Dann Sesam- (griechisch Sisami) Oelmühlen mit horizontalem Rade, welches sich auf einem Stein dreht, der mit einem Holzreifen umgeben ist. Der Holzreifen hat auf einer Seite ein Loch, durch welches das Oel in einen Behälter abfliesst, den man in eine Aushöhlung des genannten Untersatzes stellt. Hierauf wirft man es mit einem Siebe in eine hufeisenförmige Oeffnung und lässt es zwölf Stunden im Salzwasser, dann stellt man es auf sechs Stunden in den Backofen. Die weisse Pasta verkauft man zur Halavà-Bereitung, die rothe wird zur Oelgewinnung verwendet, indem man sie in einen Kessel mit kaltem Wasser setzt und mit den Füssen tritt, wobei das Oel zur Oberfläche steigt. Das Sesam-Oel wird von den Griechen in der Fastenzeit massenhaft verzehrt.

Die Messerfabrikanten, die namentlich vor dem Baptisterium stehen, arbeiten sehr primitiv. Ein Junge setzt einen Blasebalg hinter einem Steine in Bewegung und der über die Kohle geleitete Luftzug führt die Flamme gegen einen anderen Stein, auf den der Arbeiter die Klinge legt. Geschliffen werden die Messer an einem kleinen, mit einem eisernen Reifen versehenen Holzrad, das ein Knabe mittelst eines um die hölzerne Achse gewundenen Strickes drehen lässt. Die Messer haben die Handjar-Form und nicht selten gefleckte Klingen, einige sind auch am Ende der Klinge gegen den Griff zu mit einer Verzierung versehen, die gleichzeitig als Verstärkung dient. Der Griff ist bei einzelnen aus Elfenbein, bei anderen aus Büffelhorn mit eingelegten Korallen und bei den ordinären aus Schafhorn. Der Schmiede gibt es auch viele; sie haben einen doppelten Blasebalg mit je zwei Griffen, die der Lehrjunge in Bewegung setzt. Die Kupferschmiede verfertigen kleine Soupieren und grosse flache Teller für die Türken, theilweise auch aus Zinn, von denen viele recht hübsch verziert sind.

Bei Silberarbeitern sieht man einen Blasebalg aus
Ziegenfell mit einem Rohre und offenem Stabe oben,
wodurch ein Junge Wind macht, den Blasebalg dann
zuklappt und niederdrückt. Man verfertigt Geruchsflaschen, herzförmige Gürtelschliessen und Haken für
den Gürtel der Frauen, türkische Schälchengestelle,
manche aus Filigranarbeit; griechische Kreuze, hübsche
goldene Ohrgehänge, Halskettchen in netter silberner
und vergoldeter Filigranarbeit, von denen kleine Gold-
blechstücke herabhängen, dann Haufen sehr dünner
Ketten mit ganz leichten Kügelchen, welche man
um den Hals hängt; feine Brustkettchen, zierliche
Filigranarmbänder mit Steinchen in der Mitte und
noch so manche andere Filigranarbeit.

Thonwaaren werden auch viele verfertigt, worunter
grosse bauchige Krüge, Pithares genannt, in denen
Oel oder Wein aufbewahrt wird.

Die Hauptexportartikel sind Cidi, die vorzüglich
nach Constantinopel gehen, Seide nach der Türkei
und Griechenland, Veilchen-Syrup und lederne Pferde-
zäume nach Constantinopel und Lammfelle nach
Triest. Eingeführt werden unter Anderen hauptsächlich
Stoffe und Quincaillerien.

Industrie und Handel stehen ziemlich gut, da
man nichts Anderes zu zahlen hat, als die Kopf-
steuer je nach dem Wohlstande des Betreffenden und
dann eine kleine Gemeindesteuer, deren Einnahme
die einzige Thätigkeit des in einem Bazar einquar-

tirten Municipiums bildet. Von den Lädenbesitzern
haben blos diejenigen eine Steuer zu entrichten, welche
sich mit dem Verkaufe von Spirituosen und Tabak
befassen; die Steuer wird da nach dem Ladenzins
bemessen und im Falle der Verkäufer selbst Eigen-
thümer des Ladens ist, wird der Zins von Amtswegen
abgeschätzt.